杉原梨江子 Rieko Sugihara

Green&Flower

あなたの部屋に幸運を呼びこむ グリーン&フラワー

SOGO HOREI PUBLISHING CO., LTD

付録 植物が元気になる「屋久島の自然音」CDについて

水と森の物語～屋久島【11分12秒】

このCDは屋久島の森で聴こえる自然音を収録したものです。
樹齢何百年、何千年という樹々の息吹、苔むした岩間を滴る水の音、鳥の鳴き声など、
大自然が奏でる音があなたの部屋に響きわたります。

植物が元気になる屋久島の自然音

屋久島は生命エネルギーに満ちあふれる原生林の森です。その神秘の森の力を再現するのがこのCDです。あなたの部屋でCDを流すと、空間は屋久島の森の波動で満たされていきます。大自然の中で生きていた時代の原始の力が目覚め、**あなたが育てている植物も、あなた自身の生命エネルギーも高めていきます**。緑はイキイキと輝くようになり、生花は長持ちするようになります。

あなたの部屋に神秘の森をつくりましょう

あなたの部屋をひとつの森だと想像して植物を置いてみてください。それから森に響く音を流すと、植物は森のなかにいるように感じ始めます。部屋という、植物にとっては特殊な環境のなかでも、安心して元気に育ってくれるのです。あなたも音に心をゆだね、森のなかを歩いているような感覚に浸ってください。

屋久島の森で出会った木精のお話

数年前、縄文杉に会いに行ったときのことです。深い森の道は、巨樹の根っこと根っことの間を縫うように歩き、その高低さは私の身長を遥かに超えることもありました。まるで自分が小さな動物になったようです。10時間近く歩いて疲れ果て、倒れそうになったとき、苔のような緑色をした木精たちが現れました。私のまわりを飛んだり跳ねたりしながら、「頑張れ、頑張れ」と声をかけてくれるのです。小さな可愛い木精たちに励まされながらやっと辿り着くと、どこからか、「よくいらっしゃいました」というあたたかな声が聴こえてきました。縄文杉の声でした。その幹には優しい瞳と口元が浮かんでいました。屋久島の森の母なるエネルギーに包まれて、私の魂は太古の森へと帰っていきました。木精たちは縄文杉に宿る杉の子供たちだったのだと思います。CDを流していると、あなたの植物に宿る精霊も姿を現してくれるかもしれません。

◎CDプロデュース：環境音楽家　小久保隆

人の心を癒す力に注目し、自然音による作曲活動を行う。屋久島の森で10日間かけて収録した自然音を、本書の"部屋のなかに森をつくる"というコンセプトのために新たに編集、プロデュース。

プロローグ◎植物には不思議なパワーがあります

◎幸運を呼ぶグリーン&フラワー

植物には、不思議なパワーがあります。

人間と心を通い合わせ、そばにいる人に幸せをもたらす、とてもスピリチュアルな力があるのです。そんな植物のパワーをあなたの身近に引き寄せてくれるのが、あなたの**部屋の「観葉植物」や「生花」**です。

部屋のインテリアとしても美しく、心を癒してくれますが、それだけではありません。大量の水分やマイナスイオンを蒸散して、あなたの部屋の**空間を浄化するパワー**があります。植物の生命エネルギーによって、あなたのために、**様々な幸運を呼ぶパワー**ももっています。

この本では、植物や生花を置くことで、**あなたの部屋の運気をアップ**させ、**あなたが幸せになる**ための秘訣をお伝えします。

じつは植物は、**私たち人間と同じように心がある**のです。また、種類によって個性が違っていたり、いろいろなパワーをもっていたりするのです。

心優しい性格をもつ植物、友達づくりが得意な明るい性格の植物、勝負に強い性格の植物……。そうした性質は植物の遺伝子に脈々と受け継がれていて、人間同士がいっしょにいて影響を与え合うのと同じように、私たちにも影響を与えているのです。

また、**置き場所によっても、様々な幸運力を発揮してくれます**。

◎ハッピーとグリーンのある生活をあなたへ

ここで、なぜ私が、植物には幸運をもたらしてくれるパワーがある……ということを紹介できるのかをお話しさせてください。

植物たちは、いつも私に言葉をかけてきてくれるのです。

「おはよう」「お帰りなさい」というあいさつだったり、「もっとお水ちょうだい」とか、旅行に出かける日には「早く帰ってきてね」と、可愛い声でお願いしてきたり……。

部屋で育てている植物だけでなく、散歩しているときに出会う草花、海外へ旅したときに出会う大きな樹木たちも私に声をかけてくれます。

そんなふうに、**植物と言葉をかわす毎日を送るようになった**始まりがいつのことだったのか、もう記憶は定かではありません。

でも、植物とは心が通じ合う！　と感じる出来事が次々に起こったことは決して忘れられません（くわしくは1章でお話ししましょう）。


植物は私の心が読めるみたい。

植物を育てていると力が湧いてくるみたい。

他の人はどうなのかしら？


そう思い始めて、植物にまつわる神話や伝説などを研究するようになりました。

すると、ケルトや北欧の神話、ギリシャ神話、古い魔術や医術に関する書物にも科学的な研究書でも、植物と人間が交流する話は当たり前のように書かれてありました。

私が経験したことは、単に私個人が感じた不思議な出来事ではないんだわ、植物には幸せをもたらす力がある！　と確信をしました。

古来、信じられてきた植物の魔力と、それぞれの植物が受け継いできた性質、私に伝えてくれた植物たちの言葉の数々……。

この本では、そうした植物からのメッセージをあなたにお伝えしたいと思います。
グリーン＆フラワーが私たちに与えてくれる幸せのパワー、
根源的な生命エネルギーを高めてくれるパワー、
そして、日常生活のなかで植物と対話するハッピーな時間をあなたに……。

Green & Flower

あなたの部屋に幸運を呼びこむグリーン&フラワー

c o n t e n t

プロローグ 植物には不思議なパワーがあります

1章　植物と心を通わせてみませんか?

2章　願いを叶えるグリーン&フラワー

Green & Flower

3章　あなたの部屋に幸運を呼ぶ置き方

4章　植物リズムで人生が好転する

1章

Green & Flower

植物と心を通わせてみませんか?

科学的にも証明された植物の〝感情〟

植物たちにも、ちゃんと感情があります。

そして育ててくれる人のことを全身で感じているんです。

そう、**植物にも心があります**。あなたはご存知でしたか？

この本を手に取ってくださったあなたなら、〝植物に心が通じた〟と思えた経験があるのではないでしょうか？

たとえば水をあげるとき、「早く大きくなあれ」と声をかけて育てていたら、小さな芽がぐんぐん大きくなったり、逆に声をかけるのをやめたら、とたんに元気がなくなったり。

「声をかけると植物は元気に育つ」これは植物を育てた経験がある人なら、どなたでもご存知かと思います。

決して、気のせいではありません。**植物たちは、私たち人間の声を聴いています**。

Green & Flower

一生懸命応援すれば、葉っぱをいっぱい繁らせようとしますし、ほったらかしにしていたら、寂しくなって枯れてしまいます。枯れたのは手入れを怠ったから、という理由だけではないのです。

とくに**部屋の中で育てている植物は、人の言葉に敏感**です。マンションの部屋では、どこかにポンと置かれてそれっきり、ひとりぼっちにされることも多いですよね。

でも本来、植物は外にいて、いろんな種類の植物たちといっしょに暮らしていて、風に吹かれたり、アリが登ってきたり、蜂が飛んできたり、友達がたくさんいました。

だから、同じ命をもった**人間を友達のように愛しく感じているの**です。私たち人間には植物の言葉はちょっとわかりづらいですが、植物たちはいつでも、あなたにラブコールを送っていますよ。

じつは、**植物にも感情があって、人と会話ができることは科学的にも証明されています。**「植物に電極をつけて実験した」という有名な話を、あなたもご存知かもしれません。実験に成功したのは、アメリカの元ＣＩＡ尋問官、**バクスター博士**。嘘発見器検査官です。

彼は、最初から植物との会話を実験しようと思ったわけではありません。ある日、「植物を嘘発見器にかけたらどうなるだろう」と、ふと思い立って研究室にあったドラセナ（112ページ）の葉に電極を取りつけました。

そのうち、「そうだ、葉っぱに火をつけてみよう」と思った瞬間、**静かに動いていた針が激しい反応を見せた**のです。

バクスター博士はドラセナから4～5メートル離れたところに立ち、それを言葉にしたわけでもなく、植物に触れてもいないのに、「葉を焼く」と**イメージした瞬間**のことでした。

その後、葉を焼くという気持ちが失せると、「葉を焼こう」と思う前の、落ち着いた反応に戻ったそうです。バクスター博士は「この植物は私の心を読んでいるぞ！」と驚き、それ以来、様々な実験を行いました。

そして、植物が育ててくれる人に親近感を抱くということや、遠く離れた状況でも人間の感情に反応することなどを科学的に証明していきました。

現在はこの実験には賛否両論あるようですが、もっと知りたい人は、『植物は気づいている』（日本教文社刊）や『植物の神秘生活』（工作舎刊）などに詳しく書かれていますので、ぜひ読んでみてください。

Green & Flower

嫉妬したカポックと仲直りした話

私が〝植物とは心が通じ合う〟と、信じるきっかけとなった出来事についてお話ししましょう。主人公は、カポック（88ページ）です。

学生時代のことになりますが、友人から10センチ足らずの小さなカポックをいただきました。うさぎの耳みたいな葉っぱが手のひらを広げたようについている可愛い植物です。育て始めるとすくすく伸びて、2週間後には20センチくらいに、新しい芽も次々と出てきました。

私はとても楽しくなって、別の植物も育ててみたくなりました。

ある日、新しい植物を買ってきて、カポックの隣に置きました。

ところが、2～3日後に枯れてしまったのです。

私の育て方が悪かったのかなと思い、また違う植物を買ってきて、カポックの隣に置き

Green & Flower

ました。結果はいっしょ、すぐに枯れてしまいました。

日当たりのいい場所に置いて、水も毎日きちんとあげていたのに、です。

それでも懲りずに私は植物を買ってきてはカポックの隣に置きました。

3鉢くらい枯らしてしまったとき、ふと思いつきました。


「もしかして、カポックが嫉妬しているのかしら？」


カポックは、今まで自分だけを見つめてくれていた私の愛情が、他の植物に奪われることを悲しんで、枯らしてしまったのではないかしら。カポックにとって、新しい植物は脅威の存在だったのかもしれないわ、と私は考えました。

そこで私は対策を練り、カポックと新しい植物の間に「サボテン」を置いてみることにしました。

サボテン（102ページ）は強い植物で、少々水をあげなくても丈夫な性質。バリアとなって、カポックの嫉妬から新しい植物を守ってくれるかもしれないと思ったのです。

カポック、サボテン、新しい植物の順に並べたあと、声をかけました。

「みんな、仲良くしてね！」

すると見事！　新しい植物は枯れなくなりました。その後はどんな種類の植物といっしょに育てても大丈夫。サボテンも元気に育っています。

それ以来、守っていることがあります。

新しい植物を買ってきたときは、家の植物たちにきちんと報告すること。

「新しい○○さん（植物名）がきましたから、みんな仲良く元気に育ってね」と声をかけるのです。

そうすれば大丈夫。植物たちは仲良く共存しながら緑を輝かせ、長ーく生きてくれます。

あなたもぜひ声をかけてください。

あれから20年以上経った今、嫉妬深かったカポックは1メートルを超え、新入りの植物たちを見守るように、今も私のそばにいて、ぐんぐん伸び続けています。

Green & Flower

住んでいる人を映す観葉植物

あなたの部屋の植物はどんな状態ですか？

あなたのオフィスの植物はどんな状態でしょうか？

じつは**植物はそばで生活している人々の状態をあらわしている**のです。植物にも心や感情があり、私たちの言葉を聴いている……ことが事実なら、それもうなずけることですよね。

ところで、街の喫茶店などで、ホコリだらけの観葉植物を見かけることがありませんか？　葉っぱにホコリが積もって薄汚れ、息をするのも苦しそう。そんな喫茶店のトイレは決まって汚く、店全体もなんとなく不潔な感じがします。お客さんもなんとなく暗い表情です。

私が以前偶然入った、ある喫茶店もそんなお店でした。

「あ、まずいお店に入ってしまったな」と思い、お店から出ようとしたとき、「私の葉っぱを拭いて！」と、ソファの横に立っていたポトスが声をかけてきました。

ホコリだらけの葉っぱを指でぬぐうと、きれいな緑が出てきました。

お店のお姉さんに拭いた葉っぱを見せると、あまりのきれいさに驚いて、他の葉っぱも拭くと約束してくれました。

それから数ヵ月後……。そのお店は以前の雰囲気とはまったく変わっていました。

店内が明るく、お客さんも楽しく笑っている人でいっぱいです。

お店のお姉さんに、「お店が明るくなりましたね」と言うと、あれから店員みんなで観葉植物の葉っぱを拭いてあげたそうです。「ホコリだらけではかわいそう」と思い、水をあげるときなどに、ホコリがたまっていないかチェックしているとも聞きました。

植物のそばにいる**人の気持ちが変われば、植物はイキイキとした緑を取り戻す**のです。

そう、イキイキした観葉植物や花が飾られている部屋、店舗、オフィスはそこにいる人々もイキイキしています。あなたの部屋の植物は元気ですか？

幸運を呼ぶあなたと植物との共鳴

植物の中でも長生きなのは樹木です。

樹齢何百年、何千年という巨樹が日本にはたくさんあります。屋久島の縄文杉はなんと樹齢7200年ともいわれています。数年前、縄文杉に会いに行ったとき、「よくいらっしゃいました」と森の母のようなあたたかな声で言葉をかけてくれたことを懐かしく思い出します。大きな樹木に寄り添うと、スーッと心が落ち着いて、不思議な力がこみ上げてくるのをあなたも感じたことがあるのではないでしょうか。

植物というと、癒しのイメージを抱く人は多いと思いますが、私は巨樹のような大きな命から漲る生命エネルギーの強さこそ、植物が私たち人間にくれる**幸運力の源泉**のように感じています。人間よりも遥かに長い歳月を生きてきた**植物の生命力が、私たち人間の生命力と共鳴したとき、夢や願望は現実となっていきます**。私自身、それを実感する出来事をたくさん経験してきました。

大きな樹木はその土地を離れることができませんが、**鉢植えの植物なら、あなたのそばにいてくれます**。カポックとともに私の親友であるガジュマル（84ページ）が**奇跡を見せてくれた**ときのお話をしましょう。


バリ島を旅したときのことです。通りを歩いていると、とても心地いい風が吹いてきます。ふわふわと体を包みこむ風、とろとろとした液体のような感触もあります。体の奥のほうから心を安らかにしていくような風に包まれて、気持ちいい、なんだろう……？ ふと見上げると、大きなガジュマルの樹木が立っていました。

そのときは何となく心地いい経験として感じただけだったのですが、その2、3日後のことです。私はタクシーに乗っていました。冷房が入れてあるので、窓は閉め切ってあります。ところが、どこからか風が吹いてきました。風がふわーっと私の体を包み込みます。とろとろんとした液体のような肌あたりの、数日前に感じた風と同じ風でした。ふわふわ、

ふわふわ、ふわふわ。

あまりの気持ちよさに、私はタクシーの椅子に沈み込むように倒れていきました。もしかすると、ガジュマルがそばにいるのかもしれない……と思った矢先、100メートルも進まないうちに、大きな大きなガジュマルの樹木が立っていたのです。感動している間もないうちに、心の中がひとつの映像で満たされていきました。私は宇宙にいました。地球を上空から見下ろしています。みずみずしい碧い地球……なんて美しい。

次の瞬間には緑あふれるジャングルのような場所へと導かれていました。コケ類やシダ類などの植物が誕生したころの時代へ……。苔むした緑の匂い、湿った土の匂い。シダが生い茂るそばには、川が流れています。そして、私のへその緒は、その森の中を流れる川へとつながっていきました。川の水は、私の血液……？　ドクンドクンといっしょに流れていきます。やがて、私の体は地球という羊水の中に浮かび、生命の時間を刻み始めました。不思議な映像を感じながら、

「私の命は、ここから始まったのだ。私というひとりの人間は、遠い昔からつながってきた命。

すべては遥か彼方、歴史の最初からつながっている」

と、私の心に確信が生まれました。

ほんの一瞬のことでしたが、これは**ガジュマルという樹木が、私に教えてくれた宇宙からのメッセージ**なのでしょう。この地球に生まれた私に、樹木という生命エネルギーを通して、宇宙が何かを伝えようとしていると感じました。

私はガジュマルの樹木にそばにいてほしくなりました。バリ島まではなかなか会いに行けませんが、鉢植えなら身近で育てることができます。

そこで、日本に帰ってから早速、園芸ショップでガジュマルを探しました。でも、なかなか見つからず、うちにやってきたのはバリ島から戻って約1年後。

高さ1メートルくらいのガジュマルでした。葉っぱはピカピカ光っていて、幹はがっしり、ガジュマル特有の細長い気根も何本か垂れ下がっていました。とても元気がよくてイキイキしています。この一本のガジュマルの樹木はやがて、私の命を救ってくれることになるのですが、その話はもう少しあとでお話ししましょう。

天と地とを支える「宇宙樹」を知っていますか？

バリ島での経験はあまりにも強烈でした。それ以前のカポックが嫉妬したり、ポトスが話しかけてきたりした不思議な出来事と重ね合わせ、私は植物と人間とは交流することができるのではないかと思うようになりました。

「他の人はどうなのかしら？」と思い始め、樹木にまつわる神話や伝説、古い魔術や医術に関する書物などを調べるうちに、遠い昔から、人間は樹木や草花と当たり前のように、話したり、恋したり、力をもらったりしてきたことを知りました。

そして、導かれるように出会ったのが「宇宙樹」という存在でした。

宇宙樹とは、〝**大きな樹木が天と地とを貫いて、この宇宙を支えている**〟という思想に登場する樹木のことです。世界中に宇宙樹にまつわる神話や伝説が数多く残っています。国によって、樹木の種類が違うのが面白いところです。

Green & Flower

たとえば、北欧では宇宙樹は「トネリコ」。
アイルランドやウェールズなどケルトの地域では「オーク（樫や楢の仲間）」。
インドでは「菩提樹」、お釈迦様が悟りを得たのはこの樹木の下でした。
フィンランドやラップランドなどシベリア地域では「モミ」、
エジプトでは「イチジク」、
アフリカでは「バオバブ」、
インドネシアなど南の島では「ガジュマル」……。
日本では「松」「榊」「檜」「杉」などが、宇宙樹にあたるように思います。

どの国の宇宙樹神話にも共通したイメージがあり、それはまさに、バリ島でガジュマルの樹木が私に見せてくれた映像にとても近いものでした。
「宇宙樹ってどんな樹木？」と不思議に思っている人もいるかもしれません。ピンとこないあなたは、**樹齢何百年という巨樹**を想像してみてください。

大勢で手をつながないと周囲が囲めないような太い幹の樹木。首を思いきりそらしても、てっぺんまで見えないような背の高い樹木。

日本には、どの地方にも天然記念物に指定されるような巨樹がありますので、会いに行ってみるのもいいですね。

巨樹の多くはご神木として、その土地に生きる人々を見守っています。

樹木の神秘性や生命エネルギーの力強さを、私たち日本人は先祖から受け継がれてきた遺伝子感覚で知っているように思います。

宇宙樹は生命の根源であり、生命エネルギーの象徴です。

少しの間、**あなたの心の中で、大きな樹木を想像してみてください。**

根は、大地をしっかりとつかみ、樹木のてっぺんは天高く伸びています。大地の奥底には真っ赤なマグマが燃えていて、根は炎のエネルギーを吸い上げます。

その力強いエネルギーは幹である、あなたの体の中心を通って、上へ上へとぐんぐん昇っていきます。

空を仰ぐと、まぶしい太陽の光が降り注いでいて、あなたの命がキラめきます。

枝々は天に向かい、地球を超えてさらに伸び広がり、葉っぱを繁らせ、美しい花を咲かせ、おいしい果実を実らせます。

天にも地にも伸びていく宇宙樹の姿を想像すると、あなたの体の中にエネルギーがあふれてくるのを感じませんか？

私たちは、宇宙樹が創り出す世界空間の中で生きています。

幹も枝も葉も生命の水に満たされて、時空を支え、私たち人間一人ひとりの体を、魂を支えています。

そして、**あなたのそばで育つ植物は宇宙樹の生命エネルギーを受け継いだ、聖なる存在**なのです。

神秘の力を秘めた宇宙樹の子孫が今、私たちが目にしている樹木や草花たちなのです。

時代を経て、改良を重ねられ、あなたの手元にやって来た小さな観葉植物。

大切に育ててください。植物との出会いも一期一会です。

Green & Flower

私の魂を救ってくれたガジュマルの樹木

今、この地球上に生きている植物たちは、自然界の激しい生存競争を勝ち抜いてきたものたちです。

植物がくれるのは癒しだけではなく、力強い生命エネルギー。それを、身をもって実感したのはバリ島から戻って夢中で探し回って出会った、あの一本のガジュマルの樹木との交流でした。

私はある出来事から、悲しみと恐怖で人と話をしたり会ったりすることができなくなってしまいました。

部屋でひとり、誰とも会うことなく、ベッドの中で過ごすようになりました。そんな毎日を送り始めて、数ヶ月経った頃のことです。

ベッドでじっと横たわっていたとき、静かな声が聞こえてきました。

「大丈夫、大丈夫」

はっとして声のするほうを見ると、ガジュマルが腕を伸ばすように、枝を私のほうへ差し伸べていました。まるで微笑むように私を見下ろし、たくさんの葉っぱが繁る枝々で私を抱き締めました。

「大丈夫、大丈夫、もう大丈夫」

そのひそやかな声は、私の心にあたたかな命の風を吹き込んでくれたようでした。

それから毎日、ガジュマルは私に声をかけ続けてくれました。

「大丈夫、大丈夫、元気を出して」

ガジュマルの声だけを頼りに過ごす日々の中で、私は体の細胞一つひとつが動き始めたのを感じました。魂が蘇るように思い始めました。しばらくして、私はもう一度、人と関わる人生を歩いていこうと決意しました。

その瞬間から、私の人生に幸運な出来事が次々と起こり始めたのです。

素晴らしい医師と巡り合うことができ、命を取り戻すことができました。

しばらくは点滴がなくては立って歩けない状態が続きましたが、日を追うごとに体の中から力がみなぎっていくのを感じました。

今こうして、あなたに植物たちの幸運力を伝えられるのも幸せのひとつです。

私たち人間よりも遥かに長い歳月を生き抜いてきた**植物の「命」の力が、私の命と共鳴したとき、体の中から蘇る力があふれ出した**のだと思います。

まさに**宇宙樹が分け与えてくれた生命エネルギーの力**でした。

私の身に起きた悲しい出来事は世間によくあることでした。他人にとってはありきたりな出来事でも、人の心を壊すには充分の出来事がこの世には数多くあります。

落雷にうたれて倒れてしまった大木も、小さな葉っぱ一枚を虫にかじられただけの植物も、悲しみははかりしれません。誰の人生にも悲しみはあって、その傷は目に見えないことのほうが多い……。

植物は、目に見えないあなたの痛みも受けとめてくれるのです。

Green & Flower

植物と仲良しになる9つの約束

あなたにも、私にとってのガジュマルやカポックのような心通い合う植物を見つけてほしいと思います。仲良く暮らしていると、植物はかけがえのない親友になってくれますよ。

ところで「観葉植物」という言葉、じつは私はあまり好きではないんです。「観る葉っぱ」……観るだけ、観られるだけでは、育てる人も育てられる植物もつながりが薄い感じです。せっかく同じ時空間の中にいるのですから、眺めるだけじゃなく、いっしょに生きていきたいと思います。

それが植物の生命エネルギーをあなたの生命エネルギーに同調させていく、いちばん大切なことです。植物が元気になればあなたも元気に、植物の緑が鮮やかになればあなたもイキイキと美しく！　葉っぱがぐんぐん伸びれば、夢の実現へと近づくエネルギーになります。ご縁があって、あなたのところにやって来た植物というひとつの命。家族のように接してください。

1　いつも話しかけてください

水をあげるときなど、他のことを考えていたり、よそ見をしたりしていませんか？　陽の当たる場所に置いていても、水をきちんとあげていても、あなたがうわの空では植物は寂しい……。元気をなくして、枯れてしまいます。

朝、起きたら「おはよう！」、家に戻ってきたら「ただいま！　今日はこんなことがあったのよ」こんなふうに声をかけてください。

水をあげるときは「大きくなってね」「きれいね」「いつもありがとう」等々、あなたの言葉で声をかけましょう。あなたの瞳と心とで植物を見つめながら！

「植物は返事をしないから、つまらない」と思っている人がいるかもしれません。いえいえ、植物はちゃんと返事をしていますよ。

声をかけながら育てると、葉っぱの緑が青々と輝き出します。キラキラッと光って、あなた

の言葉に反応します。しおれていた葉っぱがピンとしたり、芽をぐんぐん大きくしたりするのも、返事をしてくれている証拠です。

切り花も同じように話しかけながら眺めていると、一ヶ月くらい美しい姿を保ってくれますよ。口に出すのが恥ずかしいというあなたは、心の中で声をかけても大丈夫。植物にはちゃんと通じています。

2　名前をつけてあげて

ネコやイヌなどペットには必ず名前をつけますよね。どうして、植物には名前をつけないのでしょう？　植物にも心があって、一人ひとり個性があります。

「アイビーさん、カポックくん」と植物名で呼ぶよりも、具体的な名前で呼んであげたほうがずっと喜びます。あなたにとって〝特別な存在〟になれたことが嬉しいんですよね。

私の家にいるオールドローズには「リト」という名前をつけました。

北欧神話『エッダ』に出てくる妖精の名前です。〝色のついた小さな人〟という意味で、

Green & Flower

鮮やかなピンク色のバラに似合うかな、と思ったからです。

あなたの大切な植物にも名前をつけてあげましょう。

全然思いつかない、という人のためにいくつか名前を挙げてみましょう。リトと同じように北欧神話に登場する妖精の名前です。

「ヴェイグ」強き者／「スロール」実り豊かな者／「ヴィト」賢者／「ヘイズ」光り輝く者／「ウルズ」運命の女神／「フリッグ」愛と結婚の女神。

「私の植物にはどんな名前が似合うかな？」とあなたが考えている時間が、植物たちにとっても幸せな時間です。素敵な名前をつけてあげてください。もちろん、日本名でも大丈夫ですよ。

3　約束を守りましょう

「植物と約束なんてしたかしら？」そう思う人もいるかもしれませんね。

たとえば、水をあげる時間。いつも決まって朝の人、夕方にあげている人、自分の生活に合わせて、だいたい決まった時間にあげているのではないでしょうか。その時間を植物はひとつのリズムとして覚えています。

だから、毎朝水をあげていた人が突然あげなくなると、植物は、見捨てられた！　と寂しくなって元気がなくなってしまいます。**水はできるだけ同じ時間帯にあげましょう。**

約束をきちんと守って、安心させてあげることが大切です。

何かの事情で遅れてしまったときは、「ごめんね」と言って理由を話しましょう。

旅行などで長期間家をあけるときも、「○日間出かけてくるから、待っていてね」と言って出かけると、植物は安心して元気でいてくれます。

人間だって、ネコやイヌだって、誰もいない真っ暗な部屋に置かれたら、寂しくて怖くて、孤独な気持ちになってしまいますよね。

私は旅行に出かける日の朝、水をたっぷりあげながら、旅行先やいっしょに行く人のことなどを話しています。

4 ひとりぼっちにしないでね

買ってきた植物を部屋のどこかに置いて、それっきり。そんなこと、あなたはしていないですよね？　いつもそばにいるのに、話しかけてもくれない、触ってもくれない、水をあげるのも気が向いたときだけ……。こんなに悲しいことってあるでしょうか。

植物は本来ひとりぼっちではありませんでした。森の中や草原、湖畔、庭の中……、環境はさまざまでも、そばには友達がたくさんいました。いろんな種類の草花がいっしょに咲いていて、ミツバチや蝶々が花の蜜をとりにきたり、アリが登ってきたり、リスやウサギなどが葉っぱの下で雨宿りをしていったり……。そして、小鳥たちは実をついばんで、広い大地のあちこちに子孫の種を撒いてくれました。

そんなふうに、たくさんの友達がいた大自然の中の植物の一本が、人間の手によって挿し木されたり、品種改良されたりして、育てやすい性質や形になってやってきたのが、あなたの部屋の観葉植物です。

だから、窓辺や部屋の隅っこにぽつんなんて、植物をひとりぼっちにしないでください。

Green & Flower

傷つくと、生命エネルギーが低下していくのは人間といっしょです。

部屋の中ではあなたが頼りなのです。

私は時々、**育てている植物を近くに並べて「仲良し会」**を開きます。

別の部屋にいる植物同士が、顔合わせをする機会をつくるのです。並んだ植物を眺めながら、ネコの集会みたいだなあと、私もいっしょにお話ししています。あなたもぜひ試してみてください。きっと、植物同士がおしゃべりしている小さな声が聞こえてきますよ。

5　自然の風に揺らして、雨に濡らして

部屋の中で育てているあなたは時には外の風に当て、自然の風で揺らしてあげましょう。もともと大自然の中で生きていた植物は、部屋の中にずっといると息がつまってしまいます。とくに**換気をしていない、ホコリっぽい部屋に置かれた植物は枯れやすい**のです。

屋外なら、光が降り注ぐ中で風に揺れると、太陽エネルギーをいっぱいに受けることができるし、他の植物や鳥たちの生命エネルギーを受けることもできます。雨が降れば、葉

っぱについたホコリが自然に流れて、呼吸が気持ちよくできるようになります。最低3日**に1度は庭やベランダに出したり、窓を開け放ったすぐそばに置いたり**しましょう。

自然の風に触れることが、植物の生命エネルギーを漲らせ、あなたの幸運力を高めることにもつながります。そうそう、エアコンの風に当てるのは絶対だめですよ。

6　触って、触って

喫茶店などでホコリだらけの植物を見ることがあります。前にも書きましたが、そうした植物たちはきまって「触って、触って、ホコリをとって」と声をかけてきます。そっとホコリをぬぐうと、緑の葉っぱがイキイキと嬉しそうに輝きます。

部屋で育てる場合、雨や風のかわりをあなたがしなくてはなりません。

コットンに水を含ませて拭いたり、葉っぱに霧吹きをかけたりして、こまめにお手入れをしてあげましょう。コツは優しくなでるように拭くこと。そうっと、そうっと、愛する人に触れるみたいに、愛しい気持ちを込めてなでてください。

私たちもマッサージされると気持ちいいですよね。植物はとても喜んで、お返しに、あなたに愛と幸運のエネルギーを送ってくれますよ。

7　美しい音楽や自然の音をいっしょに聴きましょう

植物に音楽を聴かせると元気に育つという話、ご存知ですか？

あなたの好きな曲を植物といっしょに聴きましょう。

私は植物がちょっぴり元気をなくしたときには、**ベートーヴェン**の曲をいっしょに聴きます。『第九』や『英雄』などのダイナミックな曲ではなく、**静かなピアノソナタ**です。

すると、2～3日経つと、しょんぼりしていた葉っぱがだんだんピンとしてきたり、緑が濃くなってきます。

気のせいかしら？　と思っていましたが、いくつかの科学的な実験でもクラシックを聴かせると元気になるという結果が出ています。

でも、すべての植物が反応するわけではないみたいです。サボテンやクラッスラなど多肉植物はクラシックだと変化はあまりなく、パッションの強いジャズやピアソラのタンゴのほうが元気になりました。声をかけるときも優しい声より大きな声をかけたほうが多肉植物には効きますよ。

そして、この本で提案したいのが屋久島の自然音を植物といっしょに聴くことです。樹木が風に揺れる音、水が流れる音、鳥の鳴き声などの森のざわめき……。**原生林の森に響く音を部屋に流す**ことで、植物はまるで森にいるように感じ始めます。大自然の中で生きていた頃の記憶が蘇り、安心して元気に育ってくれるのです。あなたに、すぐにもそれを実感してほしいと思い、屋久島の自然音を収録したCDを付録につけました。

あなたの部屋を神秘の森のエネルギー空間で満たしましょう。森の音の波動で原始の力が目覚め、あなたの植物はもちろん、あなた自身の生命エネルギーも高めていきます。苔に包まれたしっとりと柔らかな樹皮の肌触り、苔からしみ出てくる水の匂い、湧き水の清らかな味……。あなたの植物といっしょに、屋久島の生命力あふれる森にいる感覚を味わってください。

8　水晶、貝殻、小枝を鉢の中に

植物の魂はいつも、共鳴できる魂を求めています。

あなたが植物の魂と共鳴すれば幸せになっていけるように、植物にも幸せを呼ぶ仲間を連れてきてあげましょう。

いちばんのおすすめは、**水晶（クリスタル）を鉢の土の上に置くこと**です。

植物より遥かに長く、数億年、数十億年と地球上で生きてきた大自然の宝石。植物と水晶は友達同士です。**根元に置くと、植物の生命エネルギーが高まり、緑を美しく輝かせ、鮮やかな花を咲かせます**。水晶の結晶が集まったクリスタル・クラスターもいいですよ。土の上にオブジェ感覚で置いてください。

海や川で拾った石や貝殻もいいですね。雨や嵐、荒波にもまれてきているので、生命エネルギーがいっぱいに満ちているからです。

Green & Flower

私は**小枝**を拾ってきて、鉢の中に置くこともあります。ご神木巡りをしたときなどに、巨樹のまわりに落ちているドングリや松ボックリ、可愛い形の小枝などを拾って帰るのです。部屋にいる植物の魂と、大自然の中にいたものの魂が共鳴し合い、相乗効果で幸運エネルギーを高めてくれるでしょう。

9　植物といっしょに「乾杯！」

最後にひとつ、とっておきの元気回復法を教えましょう。

植物といっしょに、お酒で「乾杯！」するのです。**葉っぱを拭くとき、水のかわりにお酒を使う**んです。私はワインを飲むときなどに、そのワインをちょっぴりティッシュに含ませて、葉っぱを一枚一枚拭きます。葉っぱの根元から葉先のほうへ、優しく優しく。

すると、一瞬で緑が濃くなって、葉っぱがツヤツヤに光ってきます。

ワインやビールを少し根元にかけ、グラスを枝にコツンと当てて、いっしょに「乾杯！」と声をかけるのもおすすめです。ただし日本酒は避けることと、アルコール度数が高いお

Green & Flower

酒は水で薄めるようにしてくださいね。そうやって愛しい人と暮らすように毎日をいっしょに楽しむと、植物たちは本来の美しさをますます輝かせます。

アイビーやポトスなど斑入りの葉っぱが美しい植物は、緑のきれいなグラデーションをつくってくれるし、ガジュマルやゴムノキなど熱帯原産の植物は葉の厚みが増して、元気になります。

あなたの植物もきっと喜びますよ。

2章

Green & Flower

願いを叶えるグリーン&フラワー

あなたを幸せにするグリーン&フラワーの力

この章では、あなたに**幸運を運んでくれる植物の選び方**をお話しします。

多くの植物たちは幸運のシンボルを秘めています。植物の力強い生き方を通して伝えられてきた、樹木や草花や果実に宿る幸運の力。

1章でお話しした宇宙樹の神話や伝説だけでなく、聖書やギリシャ神話、仏典などにも植物たちの幸運メッセージが綴《つづ》られています。

身近で育てやすい植物の中から、そうした幸運のシンボルを持った植物を中心にご紹介しましょう。

あなたの願い事に合った植物を育ててください。写真を見て、「こんなコ、育ててみたい!」というインスピレーションで選ぶのももちろんいいですよ。

植物たちはすべて、その性質を基本にした魂をもっています。

あなたの心にピンときた植物は、今のあなたの魂と響き合ったということ。

植物を育てながら、その魂と共鳴するようにあなたが生きると、植物たちはあなたの中にある幸運力を目覚めさせてくれます。

植物は一瞬一瞬、成長を続けます。現在、あなたがどんな状況でも、芽が出たら、あなたはきっと嬉しい！　葉っぱが大きくなったり、花が咲いたらもっと嬉しい！

そうやって、あなたの部屋で毎日、「嬉しい」を重ねていくと、いろんなシチュエーションで幸せの連鎖が始まります。

あなたの夢は、植物といっしょに大きく育っていくのです！

あなたが植物と仲良くなり、いっしょに幸せをつかんでいくお手伝いができたら、これほど嬉しいことはありません。

後ほどそれぞれの植物のお話をしますが、パワー別にまとめましたのでご参考にしてください。

恋愛、結婚	アジアンタム	運命の人と巡り合える、人生の伴侶を呼び寄せる、家族の絆を深める、心に安らぎを与える
	ヒメリンゴ	愛し愛される喜びをもたらす、恋の成就、心の美しさを引き出す、優しい愛で包みこむ人に
	ベゴニア	魂を清めてくれる、愛する力を高める、自分に素直になれる、部屋を明るく澄んだ空気で満たす
	ワイルドストロベリー	幸せな結婚へと導いてくれる、運命の人とのご縁を運ぶ結婚の絆を強くする、子宝に恵まれる
美しさ・心の輝き	イチジク	バイタリティーを与えてくれる、不可能を可能にする、エロスのエネルギーを与える、子孫繁栄
	ゴムノキ	心と表情とを若々しくする、生命力を高める、自由な発想力をもたらす、部屋を明るい空気で満たす
	ポトス	内に秘めた美しさを引き出す、芯の強さを得る、マイナス性格を浄化する、美的センスを高める
	ミニバラ	外見も心も美しく！　愛と美のエネルギーを高める、なりたい魅力を手に入れる、愛に積極的になれる
金銭・ビジネス	クラッスラ（お金のなる木）	お金がザクザク入ってくる、富と繁栄の護符に、豊かな生活をもたらす、家族の幸せを導く
	コーヒーノキ	夢の実現を叶えてくれる、現実意識を目覚めさせる、夢を夢で終わせない変化を起こす、ビジネス運上昇
	マツ	ビジネスを成功に導く、ビジネスによる金運到来、アイデアが閃く、生命力を高める
	ミリオンバンブー	仕事の発展で金運上昇、開運力を分かち合う心を作る、お金へのネガティブな思いを消す、邪気を浄化する
浄化・魔除け・変化	ガーベラ	ネガティブなエネルギーから守る、魔除けと守護、誘惑に打ち勝つ、部屋を明るく浄化する
	グリーンネックレス	気の流れをよくする、変化の風を起こす、ご縁の結びつきを強める、新しい出会いを呼ぶ
	ゲッケイジュ	魂の護符になる、魔除けと守護、純粋な心を守る清めの力に、勝利に導く
	コニファー（モミ、イトスギ）	強い意志の力を与えてくれる、魔除けの護符に、迷いを断ち、挑戦する力をくれる、永遠の愛を誓う
	ドラセナ	進むべき道に導く、邪気・危険を退ける、部屋の空気を浄化する

パワー別グリーン&フラワー

人生の開花・成功	エアプランツ	フットワークが軽くなる、閃き力を高める、決まりごとから心を解放する、行動力を与える
	ガジュマル	強力な勝利運を授ける、勝負に勝つ！、決意を現実化する、生命力を蘇らせる
	サボテン	タフな生命エネルギーをくれる、独立心を高める、閃きをもたらす、明るく楽しい場をつくる
	ジャックと豆の木	あなたの願いがすくすく育つ、夢の成長力を促す、目標を現実化する、財運を高める
	セローム	人生がプラスに変わっていく、発想力を豊かにする、大胆なチャレンジを可能にする、部屋を明るく浄化する
	バオバブ	潜在能力を引き出す、インスピレーションを与える、生命力を高める、精神力を強化する
	ヤシ	勝利と復活のエネルギーを与える、不屈の精神を授ける、持久力を高める、生命力が漲る場をつくる
縁結び・友情・人間関係	アイビー	幸せを呼ぶご縁をつなぐ、真実の絆を結ぶ力をくれる、友情を深める、人を見抜く力を与える
	オリーブ	家族の幸せを約束する平和の象徴、仲直りの勇気を授ける、心に平穏をもたらす、再生の力を与える
	カポック	交友関係が活発になる、心をオープンにする、仲間を引き寄せる、友情を深める力をくれる
	サンセベリア	場と心とを浄化してくれる、前向きな心をつくる、魂の味方を授けてくれる、部屋を澄んだ空気で満たす
	セイロンベンケイソウ	3つの願いを叶える、ハッピーな出来事が増える、前向きな心をつくる、幸せの連鎖を起こす
	ベンジャミン	ポジティブな仲間を引き寄せる、人を幸せにする力を得る、太陽のように明るい性格に、生命あふれる場に
	ポインセチア	思いやりの心を育てる、純粋な魂を取り戻す、苦手な人間関係を克服する、思いを素直に伝えられる人に
	四つ葉のクローバー	あなたもまわりの人も幸せにする、大切な人が幸せになる、裕福な暮らしをもたらす、幸せの連鎖を起こす

幸せを呼ぶご縁をつなぐ「アイビー」
Hedera helix

＊真実の絆を結ぶ力をくれる
＊友情を深める
＊人を見抜く力を与える

アイビーが壁一面を伝う家の前を通りかかると、どこか童話の森に迷い込んだように思えてきます。西欧ではアイビーが伝う家は、繁栄と魔除けの力を得るとされ、アイビーが枯れるとその家は滅びると言われました。

じつはアイビーは植物界のデザイナー。自分勝手に伸びているように見えて、「壁にどんな絵を描こうかしら？」「何に巻きついてアイビーのお城をつくろうかしら」って、楽しそうに考えています。といっても、ほかの植物が息苦しくなるような巻きつき方はしませんし、宿主の植物から養分を吸い取ってしまうこともありません。

他者を思いやりながら共存できる、懐の深い植物なんですね。

アイビー
ウコギ科・常緑ツル性低木

◎心が通う育て方
育てやすさ…★★★★★
光…日光が当たる場所に。
明るい日陰でも大丈夫
水…土が乾いたらたっぷり。
冬は控えめに
☆壁際や棚の上から垂れ下がるように置くと喜びます

相手の姿に合わせていく、どちらかといえば受け身の性格。何かに頼らなければ体を支えられない、か弱い面を持っています。茎にある吸盤で相手にくっつき、一度ついたら離しません。命あるものはたったひとりでは生きていけないことを知っているんですね。だから、アイビーは人間と過ごすのも大好き。育ててくれる人に優しくしてほしいといつでも望んでいるんですよ。

アイビーは空気をきれいにする力もある植物です。大量の水分を出しながら部屋の中を浄化します。アイビーの育つ家はすがすがしい空気で満たされ、前向きな心を持った人々が集まってきます。我が強くて失敗しがちなあなた、何でも自分で抱えこんでしまうあなたは、アイビーを育てましょう。

相手にゆだねる心の余裕と、ご縁とご縁とを結ぶ力を授けてくれます。

古代ギリシャでは、アイビーの冠を身につけると、誠実な女（男）と悪い女（男）とを見分ける力を与えられ、嘘を見抜くことができるようになると言われました。

アイビーは、**あなたのまわりを誠実な人間関係、真実の絆でつないでくれる**でしょう。

Green & Flower

運命の人と巡り合える「アジアンタム」 Adiantum

＊人生の伴侶を呼び寄せる
＊家族の絆を深める
＊心に安らぎを与える

アジアンタムは地球上で二番目に陸上に進出した植物、シダ類の仲間です（ちなみに一番目はコケ類です）。だから、何億年も前から脈々と遺伝子を受け継いで生きているんですね。アジアンタムは、地球上の生命誕生に関わる生命エネルギーを秘めた偉大な植物と言えるでしょう。

一見華奢ですが、芯の強さを持っています。大昔から生き抜いてきた自信を秘めた自然界の魔術師。自己主張はあまりしませんが、大きな懐で私たち人間を包みこみ、導いてくれる植物です。

アジアンタムを育てていると、人間の体内に眠っている根源的な生命エネルギーが蘇り

アジアンタム
ワラビ科・常緑多年草

◎心が通う育て方
育てやすさ…★★★★
光…レースのカーテン越しで木漏れ日を演出して
水…土が乾く前にたっぷりと。葉に霧吹きを
☆チリチリになったら根元で切り、芽が出るお手伝い

ます。そうして、どこか遠く離れた、**遺伝子レベルで共鳴する異性を引きつける力を呼び覚まします**。ともに子孫を生み育てる**運命の相手を見つけ出してくれる**のです。

その美しいレースの葉を規則正しく編んでいくように、あなたの人生に家族という生命循環のレースを編み上げるお手伝いをします。すでに結婚をしているあなたには、**伴侶との絆を深める力を授けてくれる**でしょう。

毎日、霧吹きをかけて、アジアンタム自身もそのまわりも、たっぷりの潤いで満たしてください。比較的育てやすい植物ですが、水が足りなくなると、葉が茶色くチリチリになることがあります。

そんなとき、枯れちゃったと諦めないでください。茶色くなった葉を全部カットすれば大丈夫。一~二週間も経てば可愛い新芽が次々と出てきますよ。

バイタリティーを与えてくれる「イチジク」 *Ficus carica*

＊不可能を可能にする
＊エロスのエネルギーを与える
＊子孫繁栄

イチジクは世界中で〝生命の神秘を司る樹木〟と言われる植物。高さ10メートルくらいになる大きな樹木ですが、鉢植えでも育てられます。

アダムとイヴが禁断の実を食べたあと、裸でいることに気づいて下半身を隠したのはイチジクの葉っぱだったということ、ご存知でしたか？

イチジクの神話は果てしなくあります。ローマでは軍神マルスに捧げられた勝利の樹木、古代ケルトでは不可能を可能とする果実。エジプトでは生命の根源である〝宇宙樹〟です。古代エジプトの壁画にはイチジクの女神が樹冠の上から、地上の人々に樹液を注いでいる絵が残っています。

イチジク
クワ科・落葉中高木

◎心が通う育て方
育てやすさ…★★
光…日光がよく当たる屋外に。冬越しは室内で
水…土が乾く前にたっぷりと。夏の水切れ注意
☆収穫したらジャムや果実酒などおいしく味わって

その樹液は白く、とろっとしたミルクのよう。母乳や精液として神聖視され、強い生命力のシンボル、多産のシンボルとされました。実際、イチジクは受胎の薬や媚薬に使われていた時代もあるのです。

じつはイチジクには豊かな乳房と男性器を持った、**両性具有の木精が宿っているんです。**母神のような優しさと、男性的な勝利の精神を兼ね備えた植物なんですね。

イチジクを育てていると、**あなたの体の奥深くに眠るエロスのエネルギーが目覚めます。**無から有を生み出す生命力にあふれ、**バイタリティーがみなぎってくるでしょう。**

寂しがり屋のあなた、心に弱さがあると思うあなた、色気が足りないと自覚するあなたはイチジクの木精を味方に。

果実は7月上旬と、8月中旬から10月下旬にかけて、年に二度も実る楽しい植物です。収穫するときは手のひらで包み込むように優しく、丁寧にもぎとってください。

Green & Flower

フットワークが軽くなる「エアプランツ」

Tillandsia

＊閃き力を高める
＊決まりごとから心を解放する
＊行動力を与える

エアプランツ
パイナップル科・多年草

◎心が通う育て方
育てやすさ…★★★★
光…風通しのよい、日光がよく当たる場所に
水…2～3日に1度、霧吹きで株全体を濡らして
☆ジメジメは苦手。窓辺近くに飾り、風に揺らしてあげて

エアプランツは根っこがなく、株全体が空気中の水分を吸って成長することから、空中植物とも言われる不思議な植物。私は〝植物の妖精〟と呼んでいます。

私が育てているのは「ティランジア・ブッツィ」という種類です。トラのシマシマみたいな模様とひげみたいな長ーい葉っぱが気に入って連れて帰りました。今では、葉っぱがらせんを描くようにくるくる窓のほうへ伸びていき、まるで宇宙のどこかとつながって交信しているようです。

そう、私はエアプランツの葉っぱはアンテナじゃないかしら？　と思うことがあります。ブッツィを手のひらに乗せて考え事をしていると、どういうわけかパッと何か閃《ひらめ》くんです。

その閃きは決まって、よい結果に結びついているんですよね。

エアプランツは一つひとつが独立独歩の植物。マイペースで明るい性格です。

大地に根っこを張る植物と違って、どこにでも自由に移動できるフットワークの軽さがいいところです。

お気に入りのエアプランツを育てていると、**自分から行動的に、新しい世界に飛び出す勇気が湧いてきます。自由な発想をしたり、光の方向を選びとる感覚も発達してきますよ。**

自分の世界に閉じこもりがちな人にもおすすめです。

私は時々、ブッツィをバッグの中に入れていっしょに出かけます。仲良くすると喜んで、幸運のアンテナをピーンと張り巡らせてくれるようです。

そうそう、エアプランツも植物ですから水は必要です。私は、霧吹きは毎日、1週間に1度はひと晩水につけています。乾きすぎないように気をつけてください。

家族の幸せを約束する平和の象徴
「オリーブ」 Olea europaea

＊仲直りの勇気を授ける
＊心に平穏をもたらす
＊再生の力を与える

オリーブは家族の平和を約束してくれる植物です。シルバーがかった銀緑色の葉っぱは神秘的な美しさをたたえ、上手に育てると可愛い実をたくさんつけます。

オリーブの神話で有名なのはノアの箱舟伝説ですね。大洪水の後、ノアが空へ放した鳩が戻ってきたとき、くちばしにオリーブの若葉をくわえていました。

その後、水が引き始め、大地は緑を取り戻し始めたと旧約聖書の『創世記』に書かれています。

昔から**再生の象徴であり、豊穣の神々に捧げられた樹木。**オリーブを育てる人のもとに、**みずみずしい若葉のような明るい幸せと、何度でも蘇るチャンスをもたらしてくれます。**

オリーブ
モクセイ科・常緑高木

◎心が通う育て方
育てやすさ…★★★
光…日光がよく当たる場所に。開花中は雨をよけて
水…土が乾いてからたっぷりと。乾かし気味に
☆寂しがり屋なので別品種を2本並べて育てましょう

太陽の光が大好きなオリーブはいつでもあなたを光あるほうへと導き、家族みんなで育てると一人ひとりの絆が深まることでしょう。

オリーブは何よりも争いを嫌います。大切な人と喧嘩してしまったときは、オリーブの葉っぱに「ごめんなさい」の思いを告げてください。

オリーブの葉一枚一枚に聖なる言葉が記されているとイスラムの神話に伝えられています。オリーブは**仲直りのきっかけを、あなたからつくる勇気の言葉を授けてくれる**はずです。

オリーブの実は淡い緑色から濃い緑色、やがてオレンジ、真っ赤、そして黒色へと、色彩豊かに変化しながら実りを続けます。実をつけるには、違う品種のオリーブを2本以上一緒に育てることが必要です。

全部収穫しないで、そのまま実の変化を眺めながら育てるのも、オリーブの森に宝石がきらめいているようで素敵です。

強力な勝利運を授ける「ガジュマル」

Ficus microcarpa

＊勝負に勝つ！
＊決意を現実化する
＊生命力を蘇らせる

ガジュマル
クワ科・常緑高木

◎心が通う育て方
育てやすさ…★★★★★
光…日光がよく当たる場所に。冬は必ず室内に
水…土が乾きかけたらたっぷりと。冬は控えめに
☆根が見えるように植え、歩いている感じに仕立てて

ガジュマルは生命力の強い、エネルギッシュな植物。20メートル以上にもなる大木です。葉っぱは濃い緑色で肉厚、キラキラ光っています。鉢植えの多くは根元の幹が何本かに分かれ、人間の太ももみたいな形をして大地を踏みしめています。ちょっと目を離すと、歩き出しそうです。

園芸ショップでは〝多幸の樹〟という名前がつけられていますが、野生のガジュマルの異名はなんと〝ジャングルの殺し屋〟。ほかの樹木に寄生しながら成長し、やがてその樹木を枯らしてしまうからです。大木に成長したガジュマルは幹からひげのような気根を何本も伸ばして垂れ下がり、枝々を縦横無尽に広げ、大蛇が絡み合うような形相をして、恐ろしいほどです。

上手に育てると、鉢植えでも気根を伸ばし始め、野生的なパワーを放ち始めます。**ガジュマルのそばで過ごしていると、体の中から力が張ってくる**ようです。

その生命力の強さからでしょう。熱帯の国々では生命の根源、〝宇宙樹〟とされ、神の宿る聖なる樹木と崇拝されています。沖縄ではガジュマルにはキジムナーという木精が棲んでいると言われています。陽気でいたずら好きで、赤い髪の毛をした木精。私はまだ会ったことないのですが、いつか巡り会えると信じています。

ガジュマルがくれる力は勝利のエネルギーです。**どうしてもつかみたい夢、勝ちたい願いがあるとき、「私は絶対勝ち取る!」と決意をこめて育て始めてください**。無理だと思うような夢にも挑戦する力、成し遂げる力をもたらします。

生命エネルギーの強い植物ですから、**元気が出ないときも力をくれる**頼もしい植物です。心が弱くなったとき、孤独に苛《さいな》まれたとき、なかなか起き上がれないとき……。ガジュマルはきっと声をかけてくれ、生きる勇気をくれるでしょう。

ネガティブなエネルギーから守ってくれる「ガーベラ」 Gerbera

＊魔除けと守護
＊誘惑に打ち勝つ
＊部屋を明るく浄化する

ガーベラは太陽のシンボル。レッド、イエロー、オレンジ、ピンクなど鮮やかな色彩が美しく、愛らしい花です。

あなたが元気いっぱいのときも沈んだときも、同じように太陽の光で照らしてくれます。絵に描いたような花びらはあなたに向かって笑いかけているように見えませんか？

ネガティブなエネルギーから身を守ってくれる魔除けの花びら。

ベランダでも部屋の中でも、花のまわり一面を明るく見せてくれます。

意外に知られていませんが、ガーベラは**有害な化学物質を除去する効果がとても高い**花です。NASA（アメリカ航空宇宙局）の科学者たちが行った研究で証明されました。

ガーベラ
キク科・常緑多年草

◎心が通う育て方
育てやすさ…★★★★
光…日光がよく当たる場所に。冬は明るい窓辺に
水…土が乾いてから与えて。冬は控えめに
☆いろんな色を組み合わせてカラフルに植えましょう

ハウスシック症候群の原因となるホルムアルデヒドやベンゼン、アンモニアなどを除去し、大量の水分を出しながら、空気を浄化します。ホルムアルデヒドに限っていえば、浄化する植物として有名なサンセベリアやドラセナよりも除去率はずっと高いのです。

ガーベラを育てていると、部屋の空気をきれいにしてくれるとともに、**育てる人の心も浄化してくれます**。

誘惑に負けやすいあなたやマイナスの感情に陥りがちなあなたはガーベラの花を咲かせましょう。うっかり怪我をしやすいなどの悩みをもつあなたにもおすすめです。

ガーベラは、**部屋を明るくし、あなたの心も体も輝かせてくれます**。

交友関係が活発になる
「カポック」 *Scheffrera arboricola*

＊心をオープンにする
＊友情を深める力をくれる
＊仲間を引き寄せる

カポック（シェフレラ）
ウコギ科・常緑低木

◎心が通う育て方
育てやすさ…★★★★★
光…日光が当たる場所に。
　明るい日陰でも大丈夫
水…乾燥に強い。土が少し
　乾いてからたっぷりと
☆小さいうちに支柱を立ててると真っ直ぐに育ちます

カポックは私が最初におしゃべりした植物です。1章でお話ししたように、嫉妬という感情をぶつけてきたのが会話の始まりでしたけど、どうも**テレパシーのようなものがほかの植物よりも強くて、心を通わせやすい**ようなのです。植物との会話を研究する科学者たちの実験にもカポックはよく利用されます。

あなたも、これから植物とのおしゃべりに挑戦するなら、カポックから始めてみるのがいいかもしれません。

茎が思いのほか細く、葉っぱの重みで茎が曲がりやすく、どこへ伸びていくかわかりません。**育てる人によって、かなり形が変わる楽しい植物**です。本来、湿度の高い熱帯雨林に育つカポックは幹からたくさんの気根を出し、ほかの樹木や岩に寄りかかるように伸びていきます。ひとりぼっちは苦手で寂しがり屋なんですね。手のひらを広げたような葉っぱはまるで、「手をつなごうよ」と差し伸べているみたいに見えませんか？　人間と仲良くなりたいと強く願っているのです。

でも、甘えっ子に見えて結構礼儀正しいところもあるんです。大事に育てていると、きちんとお礼を返してくれる、友情の深ーい植物です。夏の暑い日に涼しい風を送ると翌日には新しい芽を出すし、家に帰ってきたときは「お帰りなさい！」とあなたにもテレパシーを送ってくれるはずですよ。

そんなカポックを育てていると、**友情を深めるエネルギーが力強く目覚めます**。心をオープンにして相手に飛びこんでいく勇気や、どんな状況でも友達を大切にする優しさが自然と表れてくるでしょう。

部屋の空気をきれいにする効果も高いカポック。大量の水分を出しながら有害物質を除去しますから、あなたの心をすがすがしい気持ちでいっぱいにしてくれます。

お金がザクザク入ってくる!?「クラッスラ」 Crassula

＊富と繁栄の護符に
＊豊かな生活をもたらす
＊家族の幸せを導く

クラッスラ
（お金のなる木）
ベンケイソウ科・常緑多年草

◎心が通う育て方
育てやすさ…★★★★★
光…太陽が大好き。日光がよく当たる場所に
水…乾燥に強い。水は少なめ、乾かし気味に
☆芽が小さいうちに五円玉の穴に通すと金運上昇

クラッスラは厚みのある葉っぱが可愛い多肉植物です。和名は「花月《かげつ》」という美しい名前。頑強で育てやすく、だんだん葉っぱのフチが頬を染めたみたいに赤くなっていきます。

私は幼い頃からクラッスラの葉っぱを触るのが大好きでした。すべすべして、ふわふわして、卵みたいな肉厚の葉っぱの中から「コロボックルが出てきそうだなあ」と、ワクワクしながら眺めていたものです。だから、いつの間にか、「お金のなる木」という名前で売られるようになっていたのでびっくりしました。由来は葉っぱが硬貨の形に似ていることから名づけられたようですね。新芽はオレンジがかった黄金色！　とても神秘的です。芽が小さいうちに五円玉の穴に通し、枝いっぱいにお金を飾る風習もあるようです。

1月から2月にかけて、淡いピンク色の花をいっぱいに咲かせます。小さな小さな花ですが、5弁の花びらを持った星形をしています。5弁の花は**魔法の形である五芒星《ごぼうせい》（ペンタグラム）を象徴し、光をもたらす希望のシンボル**。しかも、喜びと家族愛のシンボルカラーのピンク色に染まっています。私はまだ自分で花を咲かせたことはないのですが、冷たい風が吹く季節にピンク色の星で満開になるクラッスラは、やっぱり豊穣のシンボル、お金のなる木にふさわしいように思います。

クラッスラの仲間には、金貨を思わせるレモンイエローの「オヴァタ（黄金花月）」、筒状の葉っぱがにょきにょき伸びる「ゴーラム（宇宙の木）」、晩秋から真っ赤に染まる「エロスラ（火祭り）」、雪の結晶に似ている「ソシアリス（雪の妖精）」など、ユニークで不思議な形や色がたくさんあるので、あなたならではの〝お金のなる木〟を探してみるのも楽しいかもしれません。

気の流れをよくする「グリーンネックレス」

Senecio rowleyanus

＊変化の風を起こす
＊ご縁の結びつきを強める
＊新しい出会いを呼ぶ

丸い緑の玉がつる状に連なっているグリーンネックレス。鉢を上から吊り下げると、緑の玉がゆらゆら風に揺れて、心が洗われるような気持ちになります。

グリーンネックレスは**気の流れをよくすることのできる植物**です。

というのも、**「玉の形」、「揺れる」、「緑色」という幸せになる3要素が揃っている**のです。

〝玉〟は完璧と保護のシンボル。〝揺れる〟のは風を起こすというシンボルで、変化を起こしたり、気の流れを変えるエネルギーを司っています。緑色はもちろん生命エネルギーのシンボルですね。芽生え、豊穣、癒しの力など、幸運の成長をうながす色です。

和名は「緑の鈴」と言いますが、鈴はまさに天と地とを結ぶベル。

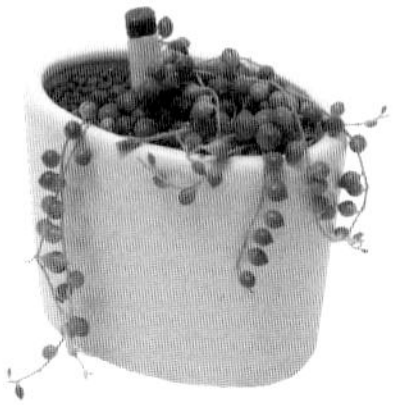

グリーンネックレス
キク科・常緑多年草

◎心が通う育て方
育てやすさ…★★★★
光…日光がよく当たるレースのカーテン越しに
水…乾燥に強い。土が乾いてからたっぷりと
☆窓辺に吊るして、風に揺らしてあげると喜びますよ

「私はここにいますよ。願いを聞き届けてください」と天の神様にお願いする楽器です。

あなたの**人生に変化を起こしたいとき、大切な人との結びつきを強めたいとき**、グリーンネックレスを育てましょう。

大事なことは**窓辺に飾り、風の力を借りること**。新しい始まりを期待するなら東の風、永遠の愛を呼びたいなら西の風、なかなか会えない相手と会いたいときは南東の風、トラブルを吹き飛ばすには北の風。

グリーンネックレスはあなたの人生にポジティブな変化を起こしてくれます。

キク科の植物だというのも幸運を秘めている証拠。古今東西、菊はラッキー・シンボルです。

冬、緑の玉の中から、菊の花びらにちょっとだけ似た、可憐な白い花を咲かせます。

寒い季節に花が咲くというのも、元気と勇気をもらえますね！

魂の護付になる「ゲッケイジュ」 Laurus nobilis

＊魔除けと守護
＊純粋な心を守る清めの力に
＊勝利を導く

ゲッケイジュは太陽神アポロンに捧げられた樹木です。ギリシャ・ローマ時代から神聖視される幸福の枝。冬の間も緑をたたえる常緑樹であることから、魂の不滅、無傷の勝利、守護のシンボルとされました。

10メートルを超える大木になりますが、鉢植えでも大丈夫。幹は真っ直ぐに天を目指し、葉っぱは波打つような形をして、春には毛糸のポンポンみたいな黄色い花を咲かせます。

ゲッケイジュの神話ではアポロンとダプネの物語が有名ですね。女神アフロディーテの息子エロス（キューピッド）は愛の矢を放って、アポロンがダプネに恋をするよう仕向け、反対にダプネには愛を拒絶するようにしました。恋焦がれるアポロンはダプネを追いかけ

ゲッケイジュ
クスノキ科・常緑高木

◎心が通う育て方
育てやすさ…★★★★
光…日光が当たる場所に。
明るい日陰でも大丈夫
水…土が乾いてから与え、
乾かし気味に
☆葉を乾燥させ、料理や防虫剤などに役立てましょう

ますが、肩に手を触れたとたん、彼女はゲッケイジュに変わってしまいました。ダプネは川の神である父親に助けを求め、「私を清らかなままにさせて」と、自ら一本の樹木となったのです。

身も心も純潔を守り通したダプネのように、ゲッケイジュは魂の純白を守る力を授けてくれます。**この世の激しい嵐に負けないように、世間の忠告や助言にもあなたの純粋な気持ちが揺るがないように……**。

枝や葉っぱにはクスノキ科特有のすがすがしい香りがあり、部屋に飾ると空気を清浄にしてくれます。枝葉をリースにしたり、枝を束ねてリボンで結んで飾ると素敵ですね。**乾燥させた葉っぱ4～5枚を布に包むと、手づくりの防虫剤**に。ブーケガルニ（香草類を数種類束ねたもの）や、シチューなどの**煮込み料理の香りづけに使うと、体の中からお清めする魔法**になります。

育てる楽しみだけでなく、日常でも様々に役立つ植物です。

夢の実現を叶えてくれる「コーヒーノキ」 Coffee arabica

＊現実意識を目覚めさせる
＊夢を夢で終わせない変化を起こす
＊ビジネス運上昇

葉っぱが濡れたようにピカピカ光るコーヒーノキ。波打つような葉の形に光が反射して、置く場所によってその輝きが変化します。白い花は凛として、ジャスミンのような優しい香りを部屋の中に漂わせます。育て始めて3〜5年、コーヒーの実が実るのは幹がどっしりした太さを保ってくる頃。葉っぱの緑と赤い実のコントラストは熱帯に育つ植物らしいエキゾチックな魅力でいっぱいです。

実が熟すまでは半年から10ヶ月近くかかるので、実の色が淡緑色から赤へとだんだん変化していく様子も長く楽しむことができます。上手に育ててコーヒー豆を乾燥させ、焙煎すれば自家製コーヒーを飲めるかもしれませんが、それまでは忍耐が必要です。

コーヒーノキ
アカネ科・常緑小高木

◎心が通う育て方
育てやすさ…★★★
光…太陽が好き。日光がよく当たる場所に
水…土が乾いたらたっぷりと。冬は控えめに
☆葉表面のホコリをこまめに拭き、輝きを保ちましょう

コーヒーノキは、**現実意識を目覚めさせる樹木**です。

アラビア半島南西端、モカの町の修行僧が飢えしのぎにかじったコーヒーノキの実が、やがては世界で流通するコーヒー・ビジネスへと展開していきました。夢でも幻でもなく、コーヒーを巡る多くの人に幸運と財運を今も与え続けている樹木。未来に夢を馳せてばかりのあなた、現実逃避をしがちなあなたはコーヒーノキを育てましょう。

人生は習慣の積み重ねです。朝、コーヒーを飲む習慣のあるあなたは、コーヒーを飲めば目覚めるという事実が心と体とにインプットされています。

夢の実現も習慣化が大事です。

水をあげるとき、**「私は成し遂げる」と強く心で唱えてください**。実がなる頃、あなたの状況には**夢を夢で終わらせない変化が起きているはずです**。

強い意志の力を与えてくれる「コニファー」 Conifer

＊魔除けの護符に
＊迷いを断ち、挑戦する力をくれる
＊永遠の愛を誓う

天を目指してすっと立つコニファーは、たった今、森から伐《き》り出してきたような美しい樹木。ライムグリーン、ブルーグリーン、シルバーグリーンなど、いろいろな緑色が楽しめる、針葉樹の仲間です。**ヒノキ、イトスギ、モミ、ヒマラヤスギ、トウヒ、西洋ネズ**などの種類があります。

針葉樹は昔から、**不滅の愛と再生の象徴**です。多くの植物たちが葉を落とす冬の間でも、変わることなく緑をたたえ、春になると一層美しい緑を輝かせるからです。

私がとくにあなたにおすすめしたいのはモミとイトスギです。

モミは魂の戦士。シベリア地域では生命の根源、〝宇宙樹〟とされました。人間の魂は

コニファー
マツ科、ヒノキ科・常緑高木

◎心が通う育て方
育てやすさ…★★★
光…日光が当たる場所に。風通しよく
水…土が乾いてから与え、冬は控えめに
☆誕生日や記念日には飾りつけをして部屋の中央に

死後、新しい転生の前にはその羽根を休めるためにモミの枝々に降り立つという伝説が残っています。**再挑戦したい夢があるあなたや、意志の弱さを克服したいあなたに育ててほしい希望の樹木**です。

イトスギはヨーロッパの風物詩と言える、円錐形のエレガントな樹木です。緑色に白い絵の具を混ぜたような銀緑色で、葉は氷の結晶みたいな神秘的な形をしています。古代ローマでは永久に朽ちない聖像を刻むのにイトスギを用いたと言われています。**永遠の愛や、友情を結びたい相手がいるあなたに育ててほしい植物**です。

どちらも、針葉樹ならではの清涼感の強い香りがあり、悪魔が避けて通るとされて、魔除けの護符に使われました。コニファーは**邪念を退け、真っ直ぐにあなたの未来を目指すエネルギー**をくれる植物です。

心と表情とを若々しくする「ゴムノキ」

Ficus elastica

＊生命力を高める
＊自由な発想力をもたらす
＊部屋を明るい空気で満たす

ぽってり厚い、楕円形の大きな葉っぱが力強く、ダイナミックなゴムノキ。原産国のインドやマレーシアでは30メートル近い大木になります。鉢植えでも、1メートルを超える背の高いものが多く出回っていますね。部屋の中にひとつ置くだけで、エキゾチックな熱帯の森のイメージをつくり出します。

ゴムノキは太陽の陽射しが降り注ぐ南国生まれ。太陽エネルギーにあふれ、雨の日や寒い冬でも**太陽のように部屋を照らし、明るい空気で満たしてくれます。**

ハウスシック症候群の原因となるホルムアルデヒドなど化学物質を除去し、空気を清浄にする効果も高い植物です。

ゴムノキ
クワ科・常緑高木

◎心が通う育て方
育てやすさ…★★★★★
光…日光が当たる場所に。
　明るい日陰でも大丈夫
水…土が少し乾いたらたっ
　ぷりと。周囲に霧吹きを
☆葉表面のホコリをこまめに拭き、いつもピカピカに

落ち込んだときや悲しいことがあった日は手のひらでそっと葉っぱを触ると、**元気な心を早くに取り戻せる**はずです。

古来、ゴムノキは人間に役立つ植物として重宝されました。古代エジプトの医学書にすでにゴムノキの薬効が載っているんですよ。紀元前1550年頃に書かれた巻物には、顔のシワをピンと張るクリームをつくるのにゴムノキの樹液を使ったと記されています。体を柔らかくする薬にも使われました。

ゴムノキを育てると、**くちゃくちゃにしぼんだあなたの心のシワを伸ばし、若々しい柔らかな精神を取り戻してくれます**。ゴムノキは、物事を変質させる力を持っているのです。

いったん幸運体質に変性することに成功すれば、ゴムの樹液が幹から出るようにじわじわと、その幸運エネルギーはあなたの人生ににじみ出てくるようになります。

葉っぱにホコリがたまるとイヤがりますから、こまめに拭きとってくださいね。

タフな生命エネルギーをくれる「サボテン」 Cactaceae

＊独立心を高める
＊閃きをもたらす
＊明るく楽しい場をつくる

サボテンは根っからの明るい性格。あなたともすぐ友達になれるはずです。どんな環境でも、生きていけるタフさが自慢です。雨が少なく、寒暖の差が激しい砂漠や高山地帯で生まれたサボテンの祖先は、葉からどんどん水分が蒸発するから、葉っぱをなくそうと思いました。やがて葉っぱが退化してトゲに代わり、無駄なものは一切はぶいて丸くなって、過酷な環境でも生き抜いていけるよう進化してきたのです。ひとつの塊で呼吸も水分補給も交配もすべて行います。葉っぱや根や茎に水をたくわえ、水をあげるのを忘れてもしばらくは元気でいてくれますから、面倒くさがり屋のあなたでも大丈夫。

サボテンを育てていると、時々チクッと刺してくることがあります。

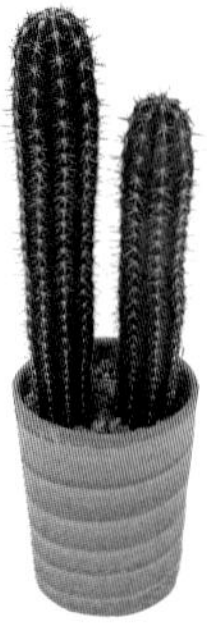

サボテン
サボテン科・常緑多年草

◎心が通う育て方
育てやすさ…★★★★★
光…太陽が大好き。日光がよく当たる場所に
水…土が完全に乾いてから。株にかからないように
☆リズミカルな音楽を聴かせると元気に育ちます

それは愛情の注射！　ちょっとあなたをからかって、友情を深めようとしていると考えてください。気弱になった心を、叱咤激励してくれているときもあるんですよ。

生きる厳しさを知るサボテンはあたたかい心ももっています。

悩んだときは「どうしたらいいと思う？」と相談してみましょう。不思議なくらい、**答えがパッと閃きますよ。**

じつは**サボテンは音楽が大好き。**ガンガン響くような音楽を聴かせると、どんどん元気に伸びていきます。静かな曲は退屈に感じるようです。そう、話しかけるときも大きな声で！　ボソボソ小さな声だと気分が滅入ってしまうのです。

サボテンは、メキシコやアンデスなど灼けつくような激しい大地の宇宙を部屋の中につくり出します。いろんな形を育てて、**タフな生命エネルギー**をもらいましょう。

場と心とを浄化してくれる「サンセベリア」 Sansevieria

＊前向きな心をつくる
＊魂の味方を授けてくれる
＊部屋を澄んだ空気で満たす

サンセベリア
リュウゼツラン科・常緑多年草

◎心が通う育て方
育てやすさ…★★★★★
光…日光が当たる場所に。明るい日陰でも大丈夫
水…土が乾いたらたっぷり。乾かし気味に
☆葉表面のホコリをこまめに拭き、斑を美しく見せて

細長い葉っぱに横ジマ模様の斑がトラのしっぽに似ているから、別名「虎の尾」。マイナスイオンを発して有害物質を取り除く、エコプラント・ブームの先駆けの植物ですね。

掃除をした後に、部屋に置くと、澄んだ空間を長くキープしてくれます。浄化してくれるのは空気だけではありません。

玄関に置くと、邪気を家に入れない力を発揮します。

家族が集まるリビングにもひとつ、安らかな気持ちで眠りにつきたい寝室にもひとつ。

悲しいことがあったときやイライラしたときは、サンセベリアを両手で抱えるように抱き締めたり、撫でたりしてください。**あなたの心にたまったネガティブな感情も浄化してくれるはずです。**

サンセベリアは懐が深い植物です。土の中で地下茎を横へ横へと広げていく性質をもち、仲間を次々と増やしていきます。生長期には新芽がどんどん出て、子株がにょきにょき立ち、鉢がいっぱいになってしまうほどです。

サンセベリアを育てていると、横のつながりを広げていき、**味方を増やすエネルギーが身についてきます**。新しい環境に入ったあなた、友達をつくるのが苦手なあなたに、育ててほしい植物ですね。

「嬉しい」「愛しい」「ありがとう」という気持ちで人に接することができるようになって、心と心とでつながる人間関係を築いていくことができます。

あなたの願いがすくすく育つ「ジャックと豆の木」

Castanospermum australe

＊夢の成長力を促す
＊目標を現実化する
＊財運を高める

ジャックとマメの木の正式名は「カスタノスペルマム」。

栗の実に似た、直径2〜3センチの豆形の種から茎がニョキッと出ています。オーストラリアやパプアニューギニアなど亜熱帯地域が原産の広葉樹。他にも〝モートン・ベイ・チェスナッツ〟〝ブラック・ビーンズ〟〝ラッキー・ビーンズ〟〝グリーンボール〟などいろんな名前を持っています。

豆形の種が輝くような緑色をしているためでしょうか、中国では〝緑宝石〟という美しい名前で呼ばれています。緑宝石とはエメラルドのこと。繁栄と富をもたらす宝石と同じ名前で呼ばれるとおり、〝招財進賽樹〟という別名もあり、**財力をもたらす開運の樹木**とさ

ジャックと豆の木
マメ科・常緑高木

◎心が通う育て方
育てやすさ…★★★
光…日光がよく当たる場所に
水…土が乾いてからたっぷりと。冬は控えめに
☆豆からの栽培に挑戦を。パカッと開いて芽が出ます

れています。

生長が早く、地面に植えると30～40メートルの大木になる力強い植物。エメラルド色の豆に願い事をしてから育て始めると、**あなた自身の成長も促し、夢を成功に導く力を与えてくれます**。

豆を植えると、早くて約2週間でパカッと開き、数日で芽が出てきます。童話の『ジャックとマメの木』が種を蒔いてからひと晩で天まで届く高さになったように、ぐんぐん伸びていきます。いったん芽が出れば30センチくらいまで驚くほど一気に伸びます。ただ、細長い茎がひょろひょろ伸びていくので、このままひょろひょろだったらどうしよう、と思ってしまうことも……。でも、ぐっと我慢して育ててください。肥料をやりすぎたり、水をあげすぎたりしないように気をつければ、やがて大きな葉っぱに成長していきます。

ジャックと豆の木は、**あなたの夢を大きく育ててくれる魔法の豆**です。

3つの願いを叶える「セイロンベンケイソウ」

Kalanchoe pinnata

＊ハッピーな出来事が増える
＊前向きな心をつくる
＊幸せの連鎖が起きる

「3つ以上芽が出たら幸せが訪れる」という、手のひらサイズの葉っぱ。水を張ったお皿の上に乗せて育てる多肉植物です。

育て始めの頃は、茎もない、根っこもない葉っぱだけの植物から芽が出るのかしら？と不安に思うかもしれませんが、1週間くらい経つと、葉っぱのフチのくぼんだところから、細～い根っこがちょろちょろ。もう少し経つと、ちっちゃな芽が……。淡い緑色の芽が次々出てきて、葉っぱのまわりは芽だらけになっていきます。

こんなふうに、セイロンベンケイソウは一枚の葉っぱからたくさんの芽を出し、子孫を残す生命力の強い植物。別名を〝マザーリーフ〟、〝ミラクルリーフ〟、〝ハカラメ〟などと

セイロンベンケイソウ
ベンケイソウ科・常緑多年草

◎心が通う育て方
育てやすさ…★★★★
光…日光がよく当たる場所に
水…芽が出るまでは水栽培、鉢植えしたら控えめに
☆鉢に植えたら支柱を立て、茎を真っ直ぐに育てて

呼ぶ、幸せを運んでくれる葉っぱです。

小さな芽を発見すると、どんなに落ちこんだ日でも幸せな気持ちになります。

「可愛い！」「嬉しい！」という思いで、一日を過ごすことができるのです。

「もっと大きくなあれ」と願う気持ちも、あなたを前向きに変えていきます。

もっと仲良くなるためには、**最初に出た3つの芽に、3つのお願いをしてください。**

あなたがほっと幸せを感じるお願いを……。

土に植え替えるときは、大きめの鉢に3つの芽を三角に並ぶように植えましょう。植え替える時期はもとの葉っぱが栄養を吸い取られて枯れる頃、芽の高さは2～3センチくらい。ほかの芽も同じように3つずつ、鉢に植え替え、願いをこめて育ててください。

仲良く寄り添うように、ぐんぐん大きくなりますよ。

葉っぱが長さ7～10センチくらいまで成長したら、茎からカットして友人や知人にプレゼントしましょう。**〝ハッピー〟の贈り物は〝ハッピー〟を呼び寄せますから！**

人生がプラスに変わっていく「セローム」

Philodendron selloum

＊発想力を豊かにする
＊大胆なチャレンジを可能にする
＊部屋を明るく浄化する

セロームの茎は太く、根元からクイッと立ち上がる、元気のいい植物です。生長すると茎から気根を出し、足のような形になって地面を支えます。その姿はまるで精霊のような、妖怪のような姿で、今にも歩き回りそうです。和名は「ヒトデカズラ」と言います。深い切れ込みが入った葉っぱがヒトデのように見えることから名づけられました。

地植えのセロームは巨大になり、長さ50センチくらいの葉っぱがワサワサ増え、幹は肥大化して、ジャングルの密林のようになっていきます。大きいものでは1メートル近くにもなる葉っぱがあるそうです。私のセロームは最初は長さ10センチくらいだった葉っぱが今では30センチくらいまで大きくなりました。

セローム
サトイモ科・常緑低木

◎心が通う育て方
育てやすさ…★★★★★
光…日の当たるレースのカーテン越し、半日陰OK
水…土が乾いたらたっぷりと。冬は控えめに
☆葉っぱや気根に霧吹きをすると緑が元気に輝きます

育てれば育てるほど面白くなる、じっとしていない、やんちゃな植物。セロームを育てると、既成概念で物事を考えない**自由な発想ができるようになる**はずです。「こんな人生もあり!?」と、今までのあなたには思いもよらない**大胆なチャレンジも!**

何事も尻込みしがちなあなた、人の目を気にしがちなあなたにぜひ育ててほしい植物です。

また、**エコ・プラントとしても注目を浴び始めている**んですよ。空気中に大量の水分を出しながら有害な化学物質を浄化する効果があります。

ひとつお願いがあります。セロームは暗いのは苦手なんです。元気いっぱいの声で話しかけ、水をあげるときも楽しい笑顔で接しましょう。

あなたの心も明るくなり、何があってもイキイキと、毎日を過ごせるように引っ張っていってくれますよ。

グッドラック・プラント
「ドラセナ」

Dracaena fragrans Massangeana

*進むべき道に導く
*邪気、危険を退ける
*部屋の空気を浄化する

ドラセナ
リュウゼツラン科・常緑中高木

◎心が通う育て方
育てやすさ…★★★★★
光…日光が当たる場所に。半日陰でも大丈夫
水…土が乾いたらたっぷりと。冬は控えめに
☆ドラセナは種類が豊富。お気に入りの形を探して

「幸福の木」と名づけられたドラセナは一時、大流行になりました。育て始めてみると次々に新しい芽が出るし、葉っぱは増えるし、茎も伸びてみるみる背が高くなるので、**幸せを自分の手で育てている**みたいでうれしくなった思い出があります。

普通、幸福の木と呼ばれる植物は「**フラグランス・マッサンゲアナ**」という種類のドラセナです。ドラセナの仲間の中では、ホルムアルデヒドなどの化学物質を除去する効果が高く、大量の水分を出しながら、部屋の空気を浄化してくれます。

もともとの由来はハワイ原産の〝コルディリネ・テルミナリス・ティー〟という種類のドラセナ。ハワイでは〝キー〟とか〝ティ〟と呼ばれ、厄除けの植物として信頼されてきました。

別名、グッドラック・プラント。**悪霊を退散し、幸運をもたらす**と言い伝えられ、家の前に置くとよいことがあるとされました。ハワイの女神ヒナの聖なる植物として、フラダンスの腰につける衣装パウも、魔除けのレイ（首飾り）もこのドラセナの葉っぱでつくられたものもあるんですよ。

日本ではどういうわけか、ハワイ産のこのドラセナではなく、マッサンゲアナが幸福の木と呼ばれるようになりましたが、ドラセナの仲間は幸運を意味するものが多いんです。中国で開運竹と呼ばれるミリオンバンブー（130ページ）も、〝サンデリアーナ〟というドラセナです。

人間関係でトラブル続きのあなた、悪癖や悪習をやめたいあなたは身近で育ててください。ドラセナを育てていると**悪循環を断ち切る気持ちが生まれ、あなたの人生が明るく拓かれるように導いてくれます**。グッドラック！

潜在能力を引き出す「バオバブ」

Baobab adansonia digitata

＊インスピレーションを与える
＊生命力を高める
＊精神力を強化する

バオバブはサン・テグジュペリの『**星の王子さま**』**に出てくる樹木**として有名ですね。「バオバブって日本で育てられるの？」という驚きの声が聞こえてきそうですが、ちゃんと育てられます。私は今、赤ちゃんバオバブの子育て真っ最中。最初10センチくらいだった苗から小さな芽が出て、約一年かけてやっと30センチくらいになったところです。

アフリカ、マダガスカル、オーストラリアなどで育ち、世界で9種類あると言われています。私のバオバブはアフリカ産の「ディギタータ」という名前の、まさに『星の王子さま』に登場する種類です。名前の由来はセネガル語で〝一千年の樹〟という意味。

まだ小さいのに、鉢の中に立つバオバブはいっぱしの顔をして、アフリカ大陸の荒野の

バオバブ
パンヤ科・落葉高木

◎心が通う育て方
育てやすさ…★★
光…日光がよく当たる場所に。冬は必ず室内に
水…春～夏は毎日たっぷりと。冬は水をストップ
☆10月から水を控えめにするとバオバブっぽい幹に

中に立っている大木のようです。

神が宿る樹木であり、南半球における万物の根源、〝宇宙樹〟。マダガスカルではシャーマンたちは特別な1本を「聖《サクレ》バオバブ」と名づけて聖なる祈りを捧げ、バオバブの木精から予言や病気の治癒、受胎などあらゆる啓示を受け取ります。

存在するだけで、**強いインスピレーションをくれる**樹木。

バオバブを育てていると、あなたの内に秘めた潜在能力が目覚めていくでしょう。

乾季と雨季のある熱帯地域で生まれたバオバブは水分を幹に蓄える性質を持ち、生命力の強さも並大抵ではありません。世界で最も大きなバオバブは周囲50メートル以上、長生きのものは樹齢約5千年と言われています。

私たち人間より遥かに長く生きるバオバブ。上手に育てれば、あなたの人生を長ーく、最後の瞬間まで見守ってくれることでしょう。

愛し愛される喜びをもたらす「ヒメリンゴ」

Malus

＊恋の成就
＊心の美しさを引き出す
＊優しい愛で包みこむ人に

白い可憐な花を咲かせるリンゴは**絶対的な愛のシンボル**です。

ギリシャ神話では、ゼウスとヘラが結婚したとき、大地の女神ガイアがお祝いに贈ったものはリンゴの樹木でした。愛と美の女神、アフロディーテが司る果実でもあり、恋を成就させる力と愛し愛される喜びをもたらします。リンゴの樹木のまわりには小鳥や蝶が集まり、幸せな空間をつくり出します。

リンゴを水平に切ると、芯には5つの星形が並んだ空間の中に種が入っています。

5つの星形は五芒星《ごぼうせい》と言って、古来魔法に使われる形。童話『白雪姫』に登場する魔女がリンゴに魔法をかけたのも、リンゴが神秘の力をもっていたからです。

ヒメリンゴ
バラ科・落葉低木

◎心が通う育て方
育てやすさ…★★
光…日光が当たる屋外に。半日陰でも大丈夫
水…土が乾いたらたっぷりと。水はけよく
☆恋をして受粉します。側に別品種か深山カイドウを

リンゴの大木を育てるのは難しいですが、ヒメリンゴなら大丈夫。4～5月くらいに美しい花を咲かせ、10月頃になると直径2～3センチくらいの赤い実をたくさんつけます。たわわに実った可愛いヒメリンゴを見ていると、幸せの樹木に咲くルビーのように思えてきます。実をつけるにはもう1本必要で、同じヒメリンゴか、「深山カイドウ」を一緒に植えると受粉しやすくなります。

愛とともに、ヒメリンゴがくれるのは**美しさと甘い魅力**。あなた自身のエゴイスティックな怒りを鎮めて、甘くて優しい内面の美しさを取り戻してくれます。

恋人とのとろけるような関係を築いたり、家庭内を安らかな空気で包んでくれます。

ヒメリンゴは〝Apple of my eyes〟とささやいて、「自分の瞳と同じくらいに愛する人やもの」を、あなたのもとへと運んできてくれるはずですよ。

魂を清めてくれる「ベゴニア」 Begonia

＊愛する力を高める
＊自分に素直になれる
＊部屋を明るく澄んだ空気で満たす

ピンク、イエロー、オレンジ、レッドなど鮮やかな色のベゴニアは1年中、花を咲かせる楽しい植物。花びらに陽射しが当たると、透き通った色ガラスのような不思議な光を放ちます。鉢いっぱいに咲いたベゴニアは、まるで光の花束のようです。ベゴニアは原種だけでも2千種、園芸種（改良された種類）では1万種以上あると言われています。

というのも、ベゴニアはとても甘えん坊で、恋多き植物。種類の違うベゴニアが隣同士で立っていたら、ピピッと惹かれ合って恋に落ちてしまうのです。そして交配して、次から次へと子孫をつくり、種類が増えていきました。

あなたも育てるときは、色や形の違うベゴニアを2鉢以上買ってください。1鉢では寂

ベゴニア
シュウカイドウ科・常緑多年草

◎心が通う育て方
育てやすさ…★★★★
光…日光が当たるレースのカーテン越しに
水…土が乾いてから与えて。周囲に霧吹きを
☆強い光に当てすぎると葉が黄色くなるので気をつけて

しがってしまいますから。

恋多き植物といっても、恋を仕掛けるハンターではありません。ベゴニアは控えめで、素直でおとなしい性格。そばにいてくれる相手を信じて、ふっと心をゆだねるんですね。仲間のベゴニアのことも、育ててくれる人のことも真っ直ぐに信じます。花を年中きれいに咲かせるのに自慢もせず、育てにくくもない、性格のよい植物です。

ベゴニアを育てると、**素直に人を信じる心が芽生えます**。強がったり、何でも一人で抱え込もうとしがちなあなたは、ベゴニアの信じる心に同調してみましょう。部屋の空気を浄化する力をもつベゴニアは、**素直になれないあなたの心を清めてくれる**はずです。

ピンクのベゴニアは母性を高めてくれ、イエローは笑顔が自然に出るように、オレンジは恐れを消し去り、レッドは情熱的に思いを伝える力をくれます。

太陽が大好きなベゴニア。花をきれいに咲かせるためには、日当たりのいい場所で育ててくださいね。

ポジティブな仲間を引き寄せる「ベンジャミン」

Ficus benjamina

＊人を幸せにする力を得る
＊太陽のように明るい性格に
＊生命力あふれる場をつくる

葉っぱがお辞儀するように下を向き、謙虚さと優雅さを兼ね備えた植物です。インド、ネパールなど東南アジアの熱帯地域が原産で、太陽の陽射しをいっぱいに浴びた土地で生まれました。その遺伝子に太陽エネルギーを秘め、鉢植えを置くだけで、部屋の中は生命力にあふれます。有害物質を除去する効果も高く、部屋の空気を浄化してくれます。

ベンジャミンを育てると、あなたの心と体にも太陽エネルギーが降り注ぎます。引っ込み思案なあなた、内向的なあなたに育ててほしい植物です。まるで、あなた自身が太陽になったように、周囲の人々を照らし、あなたを慕う仲間が集まってくるでしょう。

ベンジャミン
クワ科・常緑低木

◎心が通う育て方
育てやすさ…★★★★★
光…日光が当たる場所に。
　明るい日陰でも大丈夫
水…土が乾いたらたっぷりと。冬は乾かし気味に
☆鉢の中に動物や妖精のオブジェを置くと喜びます

明るくハツラツとした性格になり、あなたのまわりには信じる力を持つ人、成功しようと努力している人などポジティブな仲間が増えていきます。

ネパールでは木精が宿る聖樹と言われるベンジャミン。お祭の日には仲間同士で武器を持ちよってベンジャミンの樹木のまわりに集まり、盛大にお祝いをしました。

あなたの武器は何でしょうか？　ベンジャミンを前にして、自らの武器を思い浮かべてください。「思いやりがある」とか「持続力がある」とか、「声がきれい」「聴き上手」といったことでもいいのです。**前向きな自覚を高め、あなたの魅力がもっと輝き始めます。**

ネパールの伝説では結婚する前にベンジャミンの樹木と擬似結婚式を行うと、悪霊を払い、幸せな家庭が築けるとされました。

ベンジャミンは、**あなた自身はもちろん、あなたの伴侶も子供も、友達も、幸せにするエネルギーを与えてくれる**のです。

思いやりの心を育てる「ポインセチア」

Euphorbia pulcberrima

*純粋な魂を取り戻す
*苦手な人間関係を克服する
*思いを素直に伝えられる人に

ポインセチア
トウダイグサ科・常緑低木

◎心が通う育て方
育てやすさ…★★
光…日光がよく当たる場所に
水…土を乾かさないようにたっぷり。冬は控えめ
☆9月～夕方から翌朝まで箱で覆って、赤く染めて

情熱的な真紅のポインセチア。赤い葉っぱは花ではなく、苞と呼ばれる部分で、その中心に寄り添うように集まっているのが花です。真上から見ると、苞の形が星形に見えます。その形が聖書に出てくる〝ベツレヘムの星〟を思わせることが、クリスマスの花になった理由のひとつです。

ポインセチアはメキシコ生まれなんですよ。ネイティブ・アメリカンたちにとっても**ノーチェ・ブエナ（聖夜）の花であり、純粋性のシンボル**。彼らは苞の部分は赤色系の染料として、白い樹液は解熱の薬にと、聖なる薬草として大事にしました。見ための美しさだけではなく、有害な化学物質を除去し、部屋の空気を浄化する力も持っています。

「クリスマスにポインセチアを買ったけど枯らしてしまった」という人は結構多いかもしれませんね。じつはポインセチアは気高く、ちょっぴり気難しい性格。環境が変わると上手に対応できなくて、枯れてしまうことが多いのです。

日中は強烈な太陽の下で過ごし、夜はストーンと温度が落ちるメキシコでは、その温度差の激しさが真っ赤に染まる条件です。だから、葉っぱを真っ赤に染めるためには、9月に入ったら夕方から光を当てないようにすること。箱などで覆って、朝まで暗い場所で過ごせるように工夫してください。ポインセチアを太陽の光に当てるのは13時間まで。電灯の光もダメなのです。手をかけてあげないと、本当の魅力を発揮することができないポインセチアなのです。

この植物を上手に育てることができるなら、どんなに難しい相手との関係も克服することができるはずです。「どうしたら元気に育つかな」「大丈夫かな」と思いやる気持ちは、**あなたの魂を磨き、純粋な思いを相手に伝えることができる**でしょう。

内に秘めた美しさを引き出す「ポトス」

Epopremnum aureum

*芯の強さを得る
*マイナスの性格を浄化する
*美的センスを高める

みずみずしい緑色に白い斑が入った美しい植物、ポトス。

ポトスは貴婦人のような性格をしていて、おしゃれ好きな植物です。いつでも、人間と心を通わせたい、愛されたいと願っているんですよ。エレガントな魅力をキープできるように、育てている人が手伝ってあげると喜びます。

ポトスをおしゃれにする方法をひとつ教えましょう。**白い紙をハート型に切って、葉っぱに両面テープで張る**んです。そのままレース越しの光に当てて2週間くらい経ってはがすと、**ハート型の白い斑ができます**。星の形やうさぎの形など、ポトスと相談しながらいろいろ試してみてください。

ポトス
サトイモ科・
常緑ツル性多年草

◎心が通う育て方
育てやすさ…★★★★★
光…日光が当たる場所に。
明るい日陰でも大丈夫
水…土が少し乾いたらたっぷり。霧吹きはこまめに
☆棚の上から垂れ下がるように置くとぐんぐん伸びます

ポトスは「きれい」と言われるのが大好き。葉っぱの斑を眺めながら、「おしゃれね！」とか「美しい模様ね」とほめてあげてください。ポトスはとても喜んで、緑と白の濃淡がもっと美しく出るようにがんばります。

優雅で女性らしいポトスですが、上品な顔をして、じつはかなりの根性持ち。少々水をあげるのを忘れたって枯れません。葉の根元から気根を出し、水が足りなくなると空気中の水分を吸って元気を取り戻します。自立しているんですね、ポトスは。

有害物質を除去し、部屋を浄化する力も高い植物です。除光液から出るアセトンも浄化するので、**メイク道具の周辺に置くのもおすすめ**です。

凛として、自分の美しさを演出していくポトスを育てていると、**あなたの内にある美しさや魅力も自然と表に表れる**ようになるはずです。マイナスの性格を浄化して、あなたの長所をぐんぐん伸ばしてくれるポトス。育てやすい植物ですから、面倒くさがり屋のあなた、植物を育てるのが苦手というあなたにもおすすめです。

ビジネスを成功に導く「マツ」 Pinus

＊ビジネスによる金運到来
＊アイデアが閃く
＊生命力を高める

マツは**吉祥と不老長寿のシンボル**。松かさは金運到来、松の実は媚薬に。お正月の門松は神様を迎える依代《よりしろ》。〝炎の樹木〟と呼んだのは古代ケルトの人々です。暗黒の冬の間、太陽の光は常緑樹のマツに蓄えられると信じられました。

東洋でも西欧でも、マツは霊験あらたかな、天と地をつなぐ万物の根源〝宇宙樹〟です。最近ではミニ盆栽として売られていますから、育ててみてはいかがでしょうか。

マツの盆栽を眺めていると、鉢の中にひとつの宇宙が存在するかのようです。どっしりと大地をつかむ根、曲がりくねりながら天を目指す枝ぶりは、樹齢何百年、何千年と経た巨樹の姿そのもの。私たち人間の時空を遥かに超えて、自然界の喜怒哀楽を受けとめてき

マツ
マツ科・常緑高木

◎心が通う育て方
育てやすさ…★★★
光…日光がよく当たる場所に。室外がベスト
水…土が乾いたらたっぷりと。水はけをよく
☆お正月、玄関に置くと幸運を招く依代になります

た生命の力強さを感じさせます。

マツを育て始めるときは、これから創りたいあなたの宇宙を考えてみましょう。ビジネスで成功したあなたの姿、会社の規模やまわりにいる仲間の様子、人生の伴侶（夫や妻）の姿、家族像やどんな家に住むのかなど、5年後、10年後……50年後の姿まで想像してみてください。**マツに託して、あなたの将来像を明確化する**のです。

具体的に想像できたことは実現します。古今東西、天啓をくれる樹木ですから、**マツの前で考えるといいアイデアが閃《ひらめ》く**はずです。

ビジネスで迷ったときや、競争の場面でもぜひマツの力を借りてください。マツは炎のエネルギーを秘めた樹木。人生の途中で夢を諦めないように、あなたの心に明かりを灯し続けてくれるでしょう。

そうそう、ムーミンは冬眠の前にエゾマツをおなかいっぱい食べてから眠るって知っていました？　遠い北欧でも、マツは森の精霊たちの大切な樹木なんですよね。

外見も心も美しく！「ミニバラ」

Rosa hybrida

＊愛と美のエネルギーを高める
＊なりたい魅力を手に入れる
＊愛に積極的になれる

美の女神、アフロディーテが海から生まれたとき、最初に咲いた花はバラでした。ちょっぴりプライドが高いですが、いつも誰かに愛されたいと願い、手をかけるほど美しくなっていきます。心の奥に秘めているのは母性のエネルギー。あたたかな愛でまわりに集まるものたちを救う献身の精神を持っています。

つねに美しくあろうとするバラの姿はあなたに、**外見の美しさも、心の奥深くも、魅力にあふれるように導いてくれる**のです。ミニバラとは言え、バラの愛、美、献身のエネルギーが変わることはありません。

〝なりたい自分になるバラの魔法〟を紹介しましょう。

ミニバラ
バラ科・常緑低木

◎心が通う育て方
育てやすさ…★★
光…日光がよく当たる場所に。室外がベスト
水…土が乾いたらたっぷりと。水切れに注意を
☆虫がつかないように気をつけて、週1回は虫除け剤を

ミニバラは時々鏡の前に飾って眺めてください。鏡に映った花の姿はあなたの心に映り、あなたの心と外見とを変えていきます。なりたい自分はどのバラの色に近いでしょう？「赤いバラ」は、情熱的に愛をつかみとる人。「黄色いバラ」は、笑顔の美しい、富にあふれる人。「オレンジのバラ」は、誠実な友人に囲まれる人。「白いバラ」は、気品のある、純粋な魂を持った人。「紫のバラ」は、神秘的な魅力を持ち、上に立つ人。「ピンクのバラ」は、優しく、あたたかな愛の人。

あなたのバラを決めたら、水をあげるときに心を集中してください。「きれいね」「優雅ですね」「あなたほど美しいバラはいないわ」と、毎日誉め尽くしましょう。そうして、「私は○○○な人になります」と唱えます。

感度が敏感なバラは言葉を感じる力も高いのです。バラを育てていると言霊の威力を感じることがよくあります。

憧れのバラに語りかける毎日を送るとき、花はあなたを理想の姿に染めていきます。さあ、あなたはどんなバラの花を目指しますか？

仕事の発展で金運上昇
「ミリオンバンブー」

Dracaena sanderiana

＊開運力を分かち合う心をつくる
＊お金へのネガティブな思いを消す
＊邪気を浄化する

ミリオンバンブー
リュウゼツラン科・常緑低木

◎心が通う育て方
育てやすさ…★★★★★
光…日光がよく当たる場所に。半日陰でも大丈夫
水…水栽培では水をこまめに変えること
☆おしゃれなグラスに飾ってあげましょう

ミリオンバンブーは一見、竹に見えますが、幸福の木として有名なドラセナの仲間〝サンデリアーナ〟です。園芸ショップで売られているものの多くは葉っぱをカットして、吉祥のシンボルである竹そっくりに見せています。放っておくと、とんがった形の葉が節から次々出てきて上向きに伸びていきます。

竹は古来、不思議な霊力をもつと言われる植物。筍として土から出てから約3ヶ月で天を貫くような竹に成長し、根は大地を張りめぐって堅い地盤をつくります。そのダイナミックな生長力と生殖力、内にある空洞の呪力、不老長寿の妙薬としての歴史……。

神秘の力を秘めた竹に見立てたミリオンバンブーは、中国や台湾では〝富貴竹〟〝開運竹〟〝万年竹〟などと呼ばれ、財運を高め、繁栄と富が末長く続く幸運をもたらすと言われています。**仕事の成功や結婚のお祝いに、赤いリボンを結んで贈ると、贈った人ももらった人も幸福になる**というジンクスがあります。

竹らしい形を保つにはこまめに新芽を剪定したほうがいいですが、そのまま伸ばすと葉っぱが勢いよく伸びて、私は好きです。

生命エネルギーが部屋中にあふれ、**開運力も高まる**ように感じます。

有害な化学物質を除去し、部屋を清浄にする効果も高いので、**あなたのまわりに漂う貧相な空気を浄化してくれる**はずです。ただし、ミリオンバンブーを置いただけで突然、大金が舞いこんでくることはありませんよ。宝くじやギャンブルのようにその場限りのお金ではなく、**事業の成功や仕事の充実で、お金がコンスタントに入ってくる状況をつくり出す**植物です。

勝利と復活のエネルギーを与える「ヤシ」

Arecaceae

＊不屈の精神を授ける
＊持久力を高める
＊生命力が漲る場をつくる

ヤシ
ヤシ科・常緑高木

◎心が通う育て方
育てやすさ…★★★★★
光…日光がよく当たるガラス越しに
水…土が乾いたら与えて。冬は乾かし気味に
☆不死鳥を思わせる赤い鉢、赤いマットなどで飾って

ヤシは葉っぱが羽根のように広がり、エキゾチックな姿をしています。鉢植えを置くだけで、あなたの部屋を太陽が降り注ぐ南国の森にしてくれるでしょう。

ナツメヤシやフェニックス・ロベレニーなど、Phoenixと学名にある種類のヤシは、その名のとおり不死鳥の象徴です。不死鳥は、没薬と乳香を集めた焚き木に火をつけ、自ら炎の中に入って体を焼き尽くし、そこから再び美しい鳥として復活します。古代の人々は、自分で再生する不死鳥を生命力の強いヤシの木になぞらえ、**勝利、復活、富、出産のエネルギーをもつ聖なる樹木**としました。

ヤシは世界中で愛されています。中東では女性の優美さやひたむきさをヤシにたとえ、誉め言葉にしました。北欧神話では、ライバルの力を失わせる道具にヤシの枝が使われています。北アフリカでは、オアシスの存在を教える天啓の樹木。インドではココヤシの実は、比丘尼《びくに》の食べ物です。

アレカヤシやテーブルヤシ、フェニックス・ロベレニーなど、ヤシの仲間の多くは大気中に大量の水分を蒸散して、有害な化学物質を除去してくれます。大きめのヤシを家の中心に置いておくと、空気が浄化されて、**家族みんなの生命エネルギーを高める力**になります。

もう一度、夢にチャレンジしたいあなた、体力や精神力を回復したいあなた、ヤシを育てましょう。ヤシはきっと、あなたに**何度でも蘇る不屈の精神と勝利のエネルギーを授けてくれる**はずです。

あなたもまわりの人も幸せにする「四つ葉のクローバー」

Trifolium repens

＊大切な人が幸せになる
＊裕福な暮らしをもたらす
＊幸せの連鎖を起こす

幼い頃、野原で四つ葉のクローバーを探した思い出やクローバーで花冠をつくった思い出、あなたにもありませんか？　最近では園芸ショップで買えるようになって不思議な気がしますね。一生懸命探してやっと見つけたときの喜びは少し減ってしまいますが、四つ葉のクローバーを身近で育てられるのは嬉しいことです。

昔から、四つ葉のクローバーは幸運のしるし、お金のある裕福な暮らしを表しました。でもその幸運は、偶然のように舞いこんでくるという意味ではないんです。

もともとの意味は、飼っている牛を野に放したとき、牛たちがクローバーを嬉しそうに食べている姿を表したとされています。

四つ葉のクローバー
マメ科・多年草

◎心が通う育て方
育てやすさ…★★★★
光…日光がよく当たる場所に
水…土が乾いたらたっぷりと。周囲に霧吹きを
☆鉢の中で最も大きな四つ葉を摘んで押し花に

自分の喜びより、**そばにいる誰かのために喜ぶことのできる優しい愛のシンボル**なのです。

今、売られている鉢植えはほとんどの葉っぱが四つ葉になっています。その四つ葉の一つひとつを見ながら、あなたの大切な人たちを思い浮かべてください。それぞれの人の幸せな笑顔を想像すると、あなた自身が幸せな気持ちになってきませんか。

四つ葉のクローバーを育てていると、**他者の幸せを願う心が豊かになります**。あたたかな、優しい感情にあふれるあなたのまわりには、幸せな人が自然と増えていくでしょう。

幸せは幸せを呼び、**あなたにも思いがけない幸せな出来事が訪れる**はずです。

大切な人への贈り物にも最適です。

Green & Flower

幸せな結婚へと導いてくれる「ワイルドストロベリー」
Frabaria vesca

＊運命の人とのご縁を運ぶ
＊愛の絆を強める
＊子供に恵まれる

ワイルドストロベリーを育てると、幸せな結婚ができるという話をご存知ですか？

ある女性が育てていたワイルドストロベリーを株分けして育てた人が次々と、運命の人と出会って結婚したという幸運のストーリー。不思議なのは、育て始めたときは誰にも相手がいなかったということです。

それなのに赤い実をつけたとたん、素敵な男性との出会いがあってゴールイン！　という人が続々と現れたのです。

多くの女性が子供にも恵まれ、幸せになっていることから、ワイルドストロベリーは幸せな結婚を運ぶ果実と言われるようになりました。

ワイルドストロベリー
バラ科・多年草

◎心が通う育て方
育てやすさ…★★★★
光…日光がよく当たる場所に。屋外がベスト
水…土が乾いたらたっぷりと。受粉後は土だけに
☆収穫後は株を友達に贈って、縁結びのおすそ分けを

じつはこの話、単なる偶然や不思議な現象というわけではないのです。

北欧神話では、ストロベリーは結婚と家庭の女神、フリッグに捧げられたものとされました。フリッグという女性は、北欧神話で最も偉大な神と言われるオーディンの妻。二人は夫婦愛の象徴とされた神様です。

遥か昔、神々がいた時代に遡って、ワイルドストロベリーの精霊たちが結びつくべき男女を巡り合わせてくれているのでしょう。

苗を植えるときは、**願い事を心の中で描きながら植えましょう**。もうすでに願いが叶ったように嬉しい気持ちで思い描くことが大事です。

そうすると、宇宙は願い事が叶うように動き始め、ワイルドストロベリーの力を高めてくれますよ。

あなたと心通い合う植物を選ぶ方法

この2章では植物別にどんなパワーがあって、あなたにどんな幸せをもたらしてくれるのか……をお話ししてきました。

さて、あなたはどの植物を、部屋に招待するかもう決めましたか？

この章の最後に、植物を選ぶとき、**あなたに合った植物を選ぶ方法**をお伝えしようと思います。

普段あなたは、植物を園芸ショップやお花屋さんで選ぶとき、どうやって選んでいますか？

たとえば「アイビー」をひとつ買おうと思っても、小さな苗木がたくさん並んでいて悩んでしまいますね。

植物を選ぶとき、私はいつもこう呼びかけています。

「うちに来たい子はだあれ?」

すると、「はあい」という声がして、緑がキラキラッと光ります。

小さな手を上げるみたいに、葉っぱがプルプルッとふるえることもあるんですよ。

そうして、**合図を送ってきてくれた植物を連れて帰ります**。

以前、サボテンがチクッとさしてきて、「私を連れてって!」と声をかけてきたこともありました。

まん丸い形をしたサボテンくんが、私をじーっとにらむみたいに見つめていたのです。

サボテンを買うつもりがなかったのに、あまりの迫力に鉢を手にすると、嬉しそうな顔になったので連れて帰ることにしました。

そうやって、目と目が合ったというか、**一瞬で心が通じ合った植物はとても仲良しになれます**。

あなたもぜひ、トライしてみてください。

きっと植物は合図を送ってくれることでしょう。

3章 あなたの部屋に幸運を呼ぶ置き方

幸運が舞いこむ！　生花が一ヶ月も咲き続ける部屋のつくり方

あなたの部屋に観葉植物や生花を置くと、部屋の空気を清め、場のエネルギーを浄化してくれます。

あなたの植物はあなた自身の姿です。部屋の植物が枯れやすい……というあなた、**植物があなたのために浄化のパワーを発揮してくれているの**かもしれませんね。

植物を長くきれいに保てる部屋は、良い波動で満たされ、幸運を引き寄せる空間になっています。

では、植物がいつまでもきれいでいてくれるのはどんな部屋でしょう？

じつは、**私の部屋では生花がとても長持ちする**んです。

よく飾るのはカサブランカ、オリエンタルリリー、バラ、カラー……など。

白いフラワーベースにポンと入れただけのシンプルな飾り方ですけれど、いつも私を長

〜く楽しませてくれます。カサブランカなら1ヶ月くらい、バラは約2、3週間。以前、10月の結婚式でいただいた胡蝶蘭の切花が、12月になってもきれいに咲いていたこともあります。

なぜ、こんなに長く元気でいてくれるのかな、と考えてみました。

思い当たる理由の一つは、**部屋の空気がきれい**ということ。

私は朝食の後はお掃除の時間と決めています。

窓を全部開け放って、掃除機をかけ、床を水拭き、窓枠やテーブルやテレビなどのホコリもきれいに拭いています。これを毎日行います。

そうして、花のまわりを清潔な空気で満たしているから、花は喜んで、長く美しい花を咲かせてくれるんじゃないかしらと思います。

もうひとつ行っているのは、**生花のまわりに霧吹きする**こと。花の周囲50センチくらいに、新鮮なミネラルウォーターの霧を降らせるのです。

イキイキした美しさが長持ちし、花や緑の色も鮮やかになりますよ。あなたの花にもぜ

Green & Flower

ひ、霧のシャワーをかけてあげてください。

でも、いちばんの秘訣は、いつでも私が**幸せな気持ちで過ごそう**と決めているからだと思います。寂しい、悔しい、悲しい、怖い……。そんな思いだけで過ごしていたら、空気はどんより暗くなってしまいます。

誰だって、気持ちが沈むことはありますし、ネガティブな感情でいっぱいになってしまうことはありますよね。そんなときでも、気持ちがどすんと沈んでいかないように、心を奮い立たせるのです。

あなたのまわりの空気も澱んだりしないようにしましょう。

植物たちはきっと、あなたの美しい笑顔を取り戻してくれますよ！

Green & Flower

あなたの部屋を幸運の森にしましょう

部屋の空気をきれいに保ったら、もっと幸運を呼びこむために、植物を置く場所にもこだわってみましょう。

あなたの**部屋を「ひとつの森」**だと想像してみてください。

それぞれの場所は、あなたを守ってくれる聖なる樹木が立っているところです。

部屋の中の場所には意味があり、幸運に導くヒントが秘められています。

動物や虫や小鳥たちが風雨をよけ、天敵から身を守るように、いつ帰っても、ほっとした気持ちになれる居心地のいい空間をつくりましょう。

私は自分の部屋全体を〝果実の森〟と見立て、植物を置く場所を決めたり、フラワーベースや鉢選びも実のなる森のイメージで演出しています。

次からは、部屋別のおすすめ観葉植物、生花の飾り方についてお話しします。

場所別に取り上げた植物は一つの提案です。

あなたのお気に入りの植物を置くのも、もちろん大丈夫ですよ。

あなたの部屋を美しい森の空間で満たしていくと、毎日がワクワク楽しくなるはずです。

さあ、あなたの森にたくさんの幸せの植物を連れてきましょう!

魔除けになる植物で「玄関」に福を呼ぶ

玄関は大きな樹木の洞穴のようなもの、動物たちが巣をつくる場所です。リスやムササビが子育てをしているところを想像してみてください。

危険でいっぱいの外の世界から、家族に守られた世界へと帰っていく出入り口。外の世界で**あなたにまとわりついた邪気や危険物を中へ入れないよう**にしなければなりません。

サボテン、コニファー（モミ、イトスギ）、ドラセナなど**魔除けになる植物**や、古来、平和と守護のシンボルといわれてきたオリーブ、ゲッケイジュなど、あたたかな家族の空間をつくるのにふさわしい植物を飾りましょう。

一方で、**玄関は外の世界で勝負するために出発する場所**でもあります。太陽エネルギーに満ちあふれ、勝運の強い植物も飾りましょう。

ガジュマル、コーヒーノキ、ヤシなどがおすすめです。ヤシは、とくに**背の高いもの**を。

試験や面接、プレゼンなど、**ここぞという勝負の日の前後3ヶ月**、実力を発揮できるように願いをこめて短期集中的に飾ると力を貸してくれますよ。

玄関前に広いスペースがある家は、天啓を得る樹木とされたモミ、マツなどを飾ると、幸運を引き寄せるパワーになります。

「リビング」には背の高い植物を家庭の守護樹に

リビングは家族団らんの象徴の場所です。

大きな樹木を中心に、みんなが集まって楽しくなるような雰囲気づくりを心がけましょう。人が集まる場所は、その家族のエネルギーも集約されます。

嬉しい気持ちが高まる植物、みんなで一緒に育てている気持ちになれる植物を飾りましょう。

リビングに置く植物は、**幹が太く、背が高いもの**がおすすめです。

大地にしっかりと根をはり、**家庭の土台（財産、不動産、子宝）を確固たるものに導きます。**

ゴムノキ、ドラセナ、ベンジャミン、ヤシは室内に太陽エネルギーをもたらし、明るい空間をつくります。

葉っぱがぐんぐん大きくなるセロームは、背はあまり高くなりませんが、根っこをはる力が強く、浄化パワーも高いおすすめ植物です。

古来、西欧では、家族全員で森に入って〝家族の樹木〟を見つけ、家の中央に置いて飾りつけをし、家族の健康と幸福とを祈ったという風習がありました。

あなたも、家族みんなで園芸ショップに出かけ、お気に入りの植物を選び、〝家族の守護樹〟として、座り心地のいいソファの横に飾りましょう。

ひとり暮らしのあなたも、お気に入りの植物を見つけ、部屋の中央に置いてください。あたたかな家庭をつくるご縁へと導いていきます。

中心のエネルギーを高める**イエローの敷物**の上に乗せると、さらに家族の健康、円満な家庭への力を高めます。

「キッチン」は水栽培や赤い果実の飾りがおすすめ

キッチンは植物の命、動物の命を料理する場所です。命あるものをいただく感謝の気持ちをもって、キッチンに立つようにしてください。

キッチンまわりに植物を置くと、「ありがとう」の気持ちが自然と湧き上がって、**あなたの体と心とに、イキイキとした生命エネルギーが満ちてきます**。

アイビーやポトス、ミリオンバンブーなど、茎がぐんぐん伸びる植物の**水栽培や、季節の花をフラワーベースに飾る**など、みずみずしいイメージで演出しましょう。鉢植えなら、アジアンタムを受け皿の水をたっぷりめにして置いてください。

毎朝、水をかえるとキッチン全体が浄化され、食事の時間が幸運のエネルギーであふれていきます。

キッチンは火のエネルギーが強い場所。水栽培は水のエネルギーを高めますので、火の事故から守る役目もしてくれます。

赤い果実をキッチンに置くのもおすすめです。

ダイニングテーブルにリンゴ、イチゴやラズベリー、ナナカマドの実などを飾ると、**家族の愛の絆が深まります**。

また、エプロンや食器に**赤い果実のモチーフが描かれたもの**を使うのも、愛のエネルギーが高まって料理上手になれますよ。

ただし、キッチンが汚れているとお金と愛が流れていきますので、こまめに掃除して、いつもピカピカに磨いておいてください。

Green & Flower

「寝室」は浄化力の高い植物で目覚めをよく

寝室は一日の疲れをゆったりとり、生命リズムを整えるためにとても大事な場所。

そして、明日のあなたの〝幸運の種〟を蒔く場所です。

動物たちが大きな樹木の洞穴でいちばん居心地のいい場所で寝ているように、あなたも寝室を最もホッとできる空間にしてください。

おすすめは**窓辺に浄化力の高い植物を置く**こと。サンセベリアやベゴニア、気の流れをよくするグリーンネックレスなどがおすすめです。**室内のホコリはもちろん、一日の疲れや悪夢もきれいに浄化して、まっさらなあなたで目覚めることができる**でしょう。

大事なのはベッドの近くに置く植物です。

あなたを〝実現したい夢や願望〟に導いてくれるからです。朝、目覚めたとき、いちばんに目に飛び込むもの、それが今日一日のあなたをつくり出します。

あなたの**願い事に合った植物**（2章参照）を選び、目覚めたとき、**ちょうど目に入る位置に置いてください**。夢の成長力を促すジャックと豆の木を一緒に並べるのもおすすめです。

夜、眠りにつく前、植物を見つめながら、明日一日の希望を口に出しましょう。「明日は○○を実現します」とあなたの決意を明確にすることです。朝、目覚めたときも同じように、植物を見つめながら、今日一日の希望を口に出して言いましょう。

すると、**植物はあなたの鏡のように、決意を現実化してくれます**。そうやって、毎日を過ごしていくと、不可能に感じていたことも可能に変えられるあなた自身になっていきます。

太陽の光があまり入らない寝室の場合は果実や葉っぱ、小枝などを飾ってもいいでしょう。愛を深めたいなら「ヒメリンゴ」、金運を高めたいなら「松ぼっくり」、話し上手になりたいなら「楓の葉っぱ」などがおすすめです。

「鏡台」に花を飾って〝なりたい自分〟になる

鏡台は森の中の「聖なる湖」と考えましょう。あなたの姿がそのまま映る鏡。〝なりたいあなた〟になるための場所です。

鏡は古来、霊力あふれる神秘の道具。願いを現実化する魔法に使われました。

あなたはどんな人になりたいですか?

鏡に映った今のあなたは、今までの人生であなたが歩んできたそのものの姿です。

顔の表情にもスタイルにも、外見にはその人が生きてきたすべてが表れると私は思っています。

「外見より中身よね」とよく言いますが、中身の反映がその人の外見。

見えない中身を磨き続けてきた人は、その成果が顔にも立ち姿にも、しぐさひとつにも絶対的な魅力となって現れています。

見えない中身は、植物でいえば根っこの部分。あなたは根っこから養分をたくさん吸収してきましたか？　養分とはすぐには役に立たない新しい知識や常識。愛することと愛されること、愛されなかったこと。成功と失敗、感動、絶望……。人生で味わうすべての出来事と出会いをどう受け止めて、どう表現してきたのかが外見に現れているのです。

そこで、あなたがもっとも魅力的に、イキイキと、美しくなっていく方法です。

鏡台（男性なら洗面台の鏡）の前に、生花を一輪飾りましょう。

〝なりたい自分〟のイメージに近い花を鏡に映すのです。

フラワーベースはシンプルなものを選び、花の色と形がしっかりと目に飛び込んでくるようにしてください。

たとえば、ピンクのユリの花のようにエレガントな女性になりたいと考えたとします。鏡に映ったユリを見ながら暮らすと、あなたの心と体は自分をピンクのユリだとカン違いしてしまいます。〝カン違い〟というとちょっと言葉が悪いのですが、「自分はピンクのユリだ」と思って、**そうなるように心と体とが変わっていく**のです。

あなたのまわりで起こる出来事や出会いもすべて根っこの養分にして、ピンクのユリに成長するように巡っていきます。

あなたがなりたい花はどんな花ですか？　具体的にイメージすればするほど、宇宙のリズムが現実化に向かって動き始めます。

フラワーベースに葉や花を浮かべて癒しの「バスルーム」に

バスルームは疲れを癒し、その日に受けた邪気などを洗い流す清めの場所。頭から足のつま先まで全部洗い清めて、バスルームを出るときにはまっさらなあなたになりましょう。

バスルームでは、皿型の**フラワーベースに葉っぱや花びらを浮かべて飾りましょう。**葉っぱを2～3枚、**まるで湯船に浸かっているみたいにゆらゆら浮かべる**のです。アイビー、ポトス、四つ葉のクローバーなど葉っぱの形がきれいなものがおすすめです。グリーンネックレスをひと筋カットして、くるくる丸めてお皿に置くのも素敵です。

葉っぱの代わりに**花びらを浮かべる**のもいいですよ。情熱と勇気の「赤い花びら」、新しい出会いを呼ぶ「オレンジ色の花びら」、前向きになる「イエローの花びら」、宇宙の神秘を受けとる「パープルの花びら」、優しい心になる「ピンクの花びら」。色によってセラピー力が違うので、そのときの気持ちで選んでください。

葉っぱや花びらが揺れているそばでゆったり湯船につかると、植物リズムとあなたの生命リズムとが同調して、居心地のいい状態になり、**邪気やマイナス感情がすーっと流れ出ていきます。**

バスルームに植物を置くスペースがない場合は、脱衣所でも大丈夫です。

お風呂は毎日、ほぼ同じ時間に、ゆったりと湯船に浸かりましょう。決まった時間にお風呂に入ると、植物リズムがいつでも正しいように、生命リズムも規則正しく刻まれるように調整されていきます。

体や髪を洗って、全身の血行がよくなった体は耕した大地のようなもの。バスタイムは癒しや浄化とともに、あなたの〝幸運の種〟がすくすく育つ大地をつくる時間と考えてください。

Green & Flower

鉢選びも工夫したい「洗面所」のグリーン

洗面所は顔を洗う、歯磨きをする、髪をとかすなど、身だしなみを整える日常生活のベースとなる場所。さりげなく、あなたの心と体の土台をつくるスペースです。とくに、朝の目覚めをシャキッとさせる場所ですから、体の奥で眠っていた〝幸運の種〟が元気に芽を出せるように、さわやかな空間をつくってください。洗面グッズや化粧品などとともに、**小さな鉢植えの植物**を飾って、イキイキした緑の生命エネルギーを受け取りましょう。

洗面所は鉢選びも大事です。**「美しい絵が描かれた鉢」や「白磁の鉢」**に植え替えるなど、清潔感のある雰囲気で飾ってください。

植物は、あなたの願いに合わせた種類（2章参照）を選んでください。願いをこめて育て始めた植物を毎日眺めていると、夢の実現が早くなりますよ。

Green & Flower

幸運リズムを高める「トイレ」のグリーン&フラワー

トイレはひとりで過ごしながら体を整える場所。体内の不必要なものを排泄し、心身の浄化と再生とが正常に繰り返されると、生命リズムも正しく刻まれるようになります。そうすると幸運リズムも自然に生まれます。その効果を高めるのがトイレなのです。

おすすめの植物は**太陽エネルギーが強いもの**です。カラフルな花が咲くサボテンやエアープランツなどを窓辺やタンクの上などに飾ってください。

黄色いガーベラ、オレンジのバラ、タンポポなどの**黄色系の花も、生命力を高め、陽の当たる明るい幸運力をもたらしてくれます**。花の部分だけを水に浮かべて、まるでお皿に浮かぶ太陽のように飾りましょう。

サンセベリアやグリーンネックレス、ミリオンバンブーなど、**浄化エネルギーの高い植物**ももちろん効果的です。

とっておきの飾り方を教えましょう。それは**貝殻と一緒に置くこと**です。

貝殻は水の世界の豊穣のシンボル。ぐるぐると螺旋のように巻かれた貝の形は、ひとつの世界が終わると、そこからすぐに新しく生まれる世界の繁栄を表します。トイレは水を流す場所ですが、貝殻はせっかく貯めたお金や実った成功までうっかり流さないようにする強力な魔除けになります。

本来、体は自然界からの信号を受け取る力を持っています。**トイレを心地いい空間にすると、危険を察知したり、チャンスを見つけたりという原始的な直感が鋭くなっていきます**。

植物と貝殻との組み合わせで、相乗効果を高めましょう。

「ベランダ」に大木を飾り、宇宙のパワーを引き寄せる

ベランダはあなたの家（部屋）の顔ともいうべき場所です。

まず、**ベランダの両サイドに1本ずつ、背の高い植物を堂々と飾りましょう。**

おすすめはオリーブ、ゲッケイジュ、マツ、コニファー（モミ、イトスギ）など**大木になるもの**です。どれも、世界各国でご神木として大切にされている樹木です。これらは**宇宙からの依代《よりしろ》となって、あなたの部屋に幸運を呼び寄せてくれます。**

その左右両サイドの2本の樹木の間に、あなたの願い事に合った植物を飾りましょう。ハーブや花の咲く植物などもいっしょに育てると、植物同士が喜びます。心に育てる余裕があるあなたは家庭菜園をつくるのもいいですね。

ベランダは森と同じように、風が吹いたり、雨が降ったりする自然に近い環境で生きられる場所。いろいろな種類の植物がいっしょに過ごせるように工夫しましょう。

ただし、土や落ち葉などが散らばらないように心がけ、鉢のまわりはすっきりと清潔な空間をつくってください。

枯れてしまった鉢植えがごちゃごちゃ並んでいるというのは絶対だめ。

ベランダが汚れていると、人生のすべてが乱れている印象を宇宙に向かって放つことになります。ごちゃごちゃ乱れた人生がやってきますよ。

週に一度は掃き清めて、ゴミをためないように気をつけてくださいね。

「書斎」「デスク」には仕事をサポートするミニサイズの植物を

書斎は仕事に集中できる空間をつくり出すことが大事です。何かを極めようと、ひとり徹底的に仕事に向かうときは、幹のしっかりした植物に願いをかけましょう。

ドラセナ、ガジュマルなどは**集中するエネルギーを強化**します。エアプランツ、セローム、バオバブなどは、**新しいアイデアを生み出す能力を高めます**。

大勢の仲間とともにする仕事を抱えているあなたは、家の書斎に縁をつなぐ植物を置くと、外に出たときでも力を発揮してくれます。アイビー、カポック、ベンジャミンなどが**人間関係を広く見通す目**を養います。

オフィスのデスクにも、植物を置いてはいかがですか？　最近ではミニサイズの植物がいろいろ売られています。サボテン、ヤシは、**目に見えないピンチを見抜く力が強い植物**です。社内の異性との恋の成就には、ヒメリンゴを3つ飾ると絆が深まりますよ。

方角別・幸運を呼びこむ置き方

植物は日当たりのいい場所に置くのがいちばんですが、方角によっても意味があります。**それぞれの方角に植物を置くことで、幸運力を高める効果をプラス**しましょう。

願い事別の植物（2章参照）をそれぞれの方角に置けば、幸運エネルギーの相乗効果をもたらします。たとえば、縁結びのエネルギーが強いアイビーの場合、仕事関係のご縁を得たいなら西に、恋愛関係なら南に、新しい出会いを求めるなら東に、人間関係を復活したいなら北に置くと、それぞれのご縁の力が高まっていくのです。ぜひ、試してみてください。

もちろん、植物は太陽が当たるほうが何より好きで元気に育ちますから、窓もなく、ほとんど陽が当たらない場所では、鉢植えよりも生花や水栽培で願いをかけましょう。

日当たりのいい場所に置いた植物を、叶えたい願いの方角に向けるだけでも効果はありますよ。次の表の「**木精方位学**」を見て、あなたの願い事に合わせて置く方角を考えてみてください。

幸運力を高める「木精方位学」

東　いのちの力を高めます……**生命力の強化、行動力、知恵、出会い、旅行**

西　黄金の力を高めます……**富貴、結婚、ビジネス・事業発展、転職、友情**

南　愛の力を高めます……**恋愛、愛し愛される力、セックス、子宝**

北　変化の力を高めます……**人生変革、復活、トラブル浄化、悪循環を断ち切る**

4章
植物リズムで人生が好転する

Green & Flower

「植物リズム」は大自然の生命リズム

1章でお話ししましたが、ガジュマルの樹木は、バリ島への旅では私に宇宙からのメッセージを教えてくれ、現実社会でも私を助けてくれました。

ガジュマルと過ごした月日を思い起こすと、その日々の中で習慣になっていったものに、**人間の心と体とを蘇らせる何かがある**と感じるようになりました。

私の中でいちばん変化があったもの。それは、〝**植物のリズムで生きる**〟という生活サイクルでした。

植物は毎日、決まったリズムで生きています。朝、太陽が昇り始めると目を覚まし、夕方、日が暮れる頃には眠りに入ります。春夏秋冬のリズムにも忠実です。

ガジュマルとおしゃべりするようになって、私は朝6時頃には目覚め、夜は11時くらいに眠れるようになりました。それまで朝も昼も夜もなく、横たわったまま、ネガティブな思いにぐるぐるととらわれている状況でした。しかし、そこから脱したのです。

植物リズムは、宇宙がつくり出す大自然の生命リズムです。

地球は365日という周期で太陽の周りを回っています。一日に一回自転を繰り返し、24時間という一日周期で昼と夜をつくっています。

さらに、春夏秋冬という季節のリズム、月による潮の満ち引きのリズム。そして、人間の心臓は一定のリズムで規則正しく鼓動を続け、あなたに命の力を与えています。

私たちを取り巻くすべてが、リズムによって動いているのです。

しかし現代は、目覚めと睡眠とのリズムも季節の変化も狂い、大自然のリズムからかけ離れた生活を送っている人が多いですね。あなたは、大丈夫でしょうか？

本来、人間も大自然がつくり出すリズムに、心と体とをリズミカルに共鳴させていくようにできています。

朝早く起きて、植物に水をあげて「おはよう」と声をかけ、夜は「おやすみなさい」を言って、12時前にはゆったりと眠りにつく、という生活を始めてみましょう。

あなた自身、大自然から生まれた命です。

植物のように大自然のリズムに従って生活すると、**原始の生命エネルギーが活発になり、自然と光のある道を選びとる幸運リズムで生きられるようになっていく**のです。

een & Flower

植物と暮らすと幸運な「植物リズム」の体質になる

〝幸せ〟〝幸運〟という言葉は、とてもあいまいな言葉ですよね。人によってもさまざまなとらえ方があると思います。

私は、幸せとは**自分が心の底から嬉しいと感じる何かを、自分自身で選択し、行動ができ、自分を肯定できる力を持っていること。**その決定した何かを成し遂げようが遂げまいが、**自分を信じ続けることができる人……**を〝幸せな人〟と呼ぶのではないかと思っています。

幸せは、他者からもたらされるものではありません。あなたの内なる幸運力を目覚めさせることによって初めて、実現します。

植物という生命体の力を借りて、あなたの「幸運リズム」をつくり出し、それを継続させていく人生をスタートしましょう！

植物たちといっしょに暮らすと、あなたの生命リズムが正常に刻んでいくように手助けをし

てくれます。

植物という「命」に触れていると、あなたの「命」も喜びます。

心と体はつながっています。体のリズムが狂うと、心のリズムも崩れていきます。心のリズムが崩れると、体のリズムが狂っていきます。

植物リズムで心も体も動けるようになると、あなたの中に眠る大自然の幸運エネルギーが目覚め、いつもベストな状態を自らつくり出せるようになります。いつの間にか、夢や願望はあなたの人生の中で現実となっていきます。

そう、幸運力は、あなた自身の心と体がつくり出すのです！

「植物リズム」で生きると、どんな幸運があなたに訪れるのでしょうか。

私の命を救ってくれた、ガジュマルの樹木が教えてくれたことをお伝えします。

光のある、幸せの選択ができるようになります

あなたは幸運な「選択」ができていますか？

「どうして悲しくなるとわかっている人と付き合っているんだろう？」

「ダメだとわかっていても、流されてしまう」

わかっていても、意外と自分自身が幸せになる選択を取れない人は多いものです。

植物は太陽の光が大好きです。花は陽射しのあるほうへ向き、葉っぱも光がよく当たるほうの葉っぱがどんどん増えていきます。

植物と同じように、本来、私たち人間も光のあるほうが好きなのです。いいえ、ジメジメした日陰のほうが好き、という人はあまりいないと思います。

植物リズムで生活するようになると、当たり前のように、光のある選択ができるようになります。

あなたにとって、太陽の光とは何でしょうか？　愛する家族であったり、大好きな恋人や信頼し合える友人であったり、健康な体、仕事の成功……。

植物は自分から暗い森に入っていくようなことはしません。日陰に生まれた植物も、木々の間から洩れる光を目指して伸びていきます。いつも自分がイキイキと成長していける、光のあるほうに進んでいきます。

あなたもまた、幸運をつかめるほうへ、愛する人のほうへ、向いていけるのです。植物リズムは、**幸運を自分で選びとる力をくれる自然の法則**です。

ゆっくり、ゆっくりとでも確実に成長します

私を救ってくれたものは、**植物の静けさ**でした。

ガジュマルはただただ、「あなたは大丈夫」とささやき続けてくれました。

植物は人を責めません。あなたが植物と暮らすとき、植物たちは静かに、静かに、あなたの思いを受けとめてくれます。

あなたの失敗や過ちを許し、心の中に暗い闇が生まれようとするのをとめてくれます。

ゆっくりとゆっくりと、あなたの心が太陽のほうへ向くのを待ってくれるのです。

友人の成功や幸せを見て焦ることもあると思いますが、それでも、あなたはその友人のリズムで生きることはできません。

成長の早い植物もいれば、実がなるまでに何年もかかる樹木があるように、生命を刻むリズムは人それぞれに違うのです。

「**あなたが歩いていけるリズムでいい**」とガジュマルは私に言いました。

私も、この本を出すまでにも随分長い年月がかかってしまいました。どんなに歩みは遅くても、少しずつ成長を続けていけば夢は叶うのです。

あなた自身が、ひとつの自然。大自然があなたに与えた真実の生命リズムを見つけ出し、そこにあなたの心と体とを同調させていきましょう。

嵐がきても、蘇るチャンスは何度でも訪れます

風に吹かれている植物を見たことがあるでしょう。

右から風が吹けば、右へゆらり。左から風が吹けば、左へゆらり。植物は風に吹かれたら、ゆらりとかわします。

嵐のように強い風が吹いたときも風のゆくまま、体を風にゆだねて抵抗はしません。抵抗するとポキンと幹が折れてしまうかもしれませんから。

風がやめばまた元通り、真っ直ぐに立っています。

どんなに激しい風に揺られても、植物が死んでしまわないのは、根っこはしっかりと大地をつかんでいるからです。

あなた自身という根っこを引き抜かないかぎり、あなたが完全に倒れてしまうことはありません。あなたは自由自在に生きられるのです。

もしも嵐で倒れてしまったとしても、植物はその幹や枝から再び新しい芽を出すのも力強いところです。

蘇るチャンスは何度でも訪れてくれることを、ガジュマルははっきり教えてくれました。

〝今、この一瞬〟を生きる喜びであふれます

植物は〝今、この一瞬〟をいちばんの喜びとしています。

芽が出ると、刻一刻と伸びていきます。その生長はとてもゆっくりで、目に見えないほどです。けれど、今日は1ミリくらいしかなかった芽が、次の日には2ミリくらいになっていて、少しずつ大きくなっていきます。3、4日も経てば、小さくてもちゃんとした葉っぱの形になっています。いったん出た芽が再び、種の中に引っこむことは決してしません。雨が降っても、嵐がきても、前を向いて大きくなっていくばかりです。**過去を振り返ったり、後悔したりしません。**

過去にとらわれていたり、未来に夢をはせてばかりいると、あなたの生命リズムが狂っていきます。〝今、この一瞬〟を生きていないことになるからです。

「今この瞬間、どう過ごすか、何を思うか?」が次の幸せな瞬間をつくり出します。

「嬉しい」「楽しい」「愛している」「ありがとう」、そんなあたたかな気持ちを口にすることで心を満たすこと。「悲しい」「ひどい」「怖い」「痛い」「しまった！」といったマイナスの気持ちは心から徹底的に追い出してしまうこと。

植物は、〝今〟をベストな状態で生きることを教えてくれる、私たちにとって生き方の先生です。

「植物リズム」を身につける12の習慣

人はみな、生まれる前はひとつの光でした。肉体も心もない純粋な、あなたという魂です。その魂がお母さんのおなかの中で肉体を授かってから、進化の歴史を正しいリズムによって成長し、この世に生まれてきました。その命の営みは人類が誕生して以来、現代まで変わっていないのです。

人間の生活だけが変わりました。昼と夜とが逆転した生活や、夜でも眠らない明るい街、夏は冷房の中で過ごし、冬は暖房の中で過ごすという季節感のない皮膚感覚。

「植物リズム」で生きることとは、宇宙が刻むリズムの法則に従って、あなたの生命リズムを蘇らせることです。

毎日できることから少しずつ、**心と体とを植物リズムに共鳴させる方法**を身につけましょう。植物リズムを身につける12の習慣をスタートさせてください。

1 朝早く起きて、夜は12時前に寝ましょう
2 太陽に向かってご挨拶
3 裸足で歩き、大地とつながる習慣を
4 近所にお気に入りの巨樹を見つけて
5 素敵な音楽を植物と一緒に聴きましょう
6 小枝や石や貝殻を拾って、いつも触ってください
7 おいしい水を飲んで、体の浄化を
8 好きな言葉を唱えましょう
9 木製の家具や雑貨を身のまわりに
10 おしゃれに季節の色を取り入れて
11 雨に濡れて、風に吹かれて
12 空を見上げましょう

エピローグ

あなたの部屋でいっしょに過ごしたい植物は見つかりましたか?

あなたが選んだ植物は、あなたの夢を育ててくれる植物です。

朝、目覚めたとき、あなたの心のなかにも芽が出てきたと想像してみてください。

まっさらな24時間の始まりに……。

小さな芽は一日かけて、あなたの宇宙のなかで成長していきます。

一日一日は、微笑んだり、ごはんを食べたり、話をしたり、歩いたり、小さな幸せの積み重ねです。

あなたが幸せを感じるたびに、芽は大きくなり、葉っぱを繁らせていきます。

一日が終わる頃には、あなたの宇宙に花が一輪、咲くことでしょう。

今日というあなたの時間が育てた美しい花。

そうして一年、三百六十五日、花を咲かせ続けたあなたにはきっと、かけがえのない幸せの果実が次々と実るはずです。
植物とともに生きるとき、あなたはどんな状況からでも、心と体とを、あなたの人生を、蘇らせることができるのです。
植物の魂とあなたの魂とが共鳴し合うとき、あなたの人生に奇跡が起こり始めます。

最後になりましたが、「植物の幸運力を一冊の本に」と声をかけてくださった編集担当の金子尚美さん、屋久島の自然音ＣＤを制作してくださった環境音楽家の小久保隆さんをはじめ、この本へと導いてくださったすべての方に、心から感謝いたします。

あなたの植物たちは、いつでもあなたのことを見守っていますよ。

二〇〇八年葉月吉日

杉原梨江子

◎参考文献

『アポロドーロス　ギリシャ神話』高津春繁訳（岩波書店）

『イメージシンボル事典』アト・ド・フリース著（大修館書店）

『エッダー古代北欧歌謡集』谷口幸男訳（新潮社）

『観葉植物事典』土橋豊監修（池田書店）

『ケルトの木の知恵』ジェーン・ギフォード著（東京書籍）

『古代エジプトの秘薬』大澤彌生著（産学社）

『植物と話がしたい』神津善行著（講談社）

『植物の神秘生活』ピーター・トムプキンズ、クリストファー・バード著（工作舎）

『植物は気づいている』クリーヴ・バクスター著（日本教文社）

『聖書の植物』H&A・モルデンケ著（八坂書房）

『生命の樹ー中心のシンボリズム』ロジャー・クック著（平凡社）

『世界樹木神話』J・ブロス著（八坂書房）

『地球遺産　巨樹バオバブ』吉田繁著（講談社）

『使ってわかるハーブα媚薬百科』橋本大二郎監修（図書刊行会）

『ネパール・インドの聖なる植物』T.C.マジュプリア著（八坂書房）

『はじめての観葉植物の手入れと育て方』橋詰二三夫・谷亀高広監修（ナツメ社）

『花の神話と伝説』C.M.スキナー著（八坂書房）

『ハワイBOX　フラの本』近藤純夫著（講談社）

『仏典の植物』満久崇麿著（八坂書房）

『星の王子さま』サン・デクジュペリ著（岩波書店）

『HOW TO GROW FRESH AIR』Dr.B.C.Wolverton（A PENGUIN BOOK）

【著者】

杉原梨江子（すぎはら・りえこ）

エッセイスト。ウッドセラピスト。聖なる樹研究家。
幼い時から植物と話すことを自然に行う。ある一本の樹木が自分の命を救ってくれた体験を経て、樹木の知恵や力についての執筆を開始。日本の巨樹信仰を中心に、古代ケルトや北欧など世界の樹木にまつわる神話や伝説、植物と人間との交流の歴史を研究。世界各地へ神秘の巨樹と出会う旅を続けながら、「樹木は人の魂を救う」をテーマに執筆、講演等を行っている。
著書：『木精占い～古代ケルトから伝わる樹木のメッセージ』（実業之日本社刊）
監修：「木精占い2008」（『マリ・クレール』2008年1月号　アシェット婦人画報社刊）他多数。

写真協力：第一園芸　http://www.daiichi-engei.co.jp
千草園芸　http://www.rakuten.co.jp/chigusa/
ガーデンさかもと
http://www.rakuten.co.jp/gardensk/
観葉植物の通販 MAKIMO PLANT
http://www.makimo-plant.com
吉本花城園
http://www.rakuten.co.jp/kajoen/index.html
川﨑利江子
カバーイラスト：国分チエミ
カバー・本文デザイン：冨澤崇+冨澤由紀枝（EBranch）

あなたの部屋に幸運を呼びこむ
グリーン&フラワー

2008年10月8日　初版発行
2008年10月9日　2刷発行

著　者　杉原　梨江子
発行者　仁部　亨
発行所　総合法令出版株式会社
〒107-0052　東京都港区赤坂1-9-15
日本自転車会館2号館7階
電話　03-3584-9821
振替　00140-0-69059

印刷・製本　中央精版印刷株式会社

落丁・乱丁本はお取替え致します。

ISBN 978-4-86280-096-1
総合法令出版ホームページ　http://www.horei.com/

本書紹介グリーン＆フラワー 一覧

ア行

アイビー

アジアンタム

イチジク

エアプランツ

オーク

オールドローズ

オリーブ

オリエンタルリリー

カ行

ガーベラ

楓

カサブランカ

ガジュマル

カポック（シェフレラ）

カラー

クラッスラ

グリーンネックレス

ゲッケイジュ

ケヤキ

コーヒーノキ

コニファー

胡蝶蘭

ゴムノキ

サ行

榊

サボテン

サ行

サンセベリア 

ジャックと豆の木 

セイロンベンケイソウ 

セローム 

タ行

トネリコ 

ドラセナ 

ナ行

ナナカマド 

ハ行

バオバブ 

バラ 

ヒメリンゴ 

ベコニア 

ベンジャミン 

ハ行

ポインセチア 

菩提樹 

ポトス 

マ行

マツ 

ミニバラ 

ミリオンバンブー 

ヤ行

ヤシ 

ユリ 

四つ葉のクローバー 

ラ行

ラズベリー 

ワ行

ワイルドストロベリー